Devenir enfin moi-même

Yuna Hirasawa

sommaire

TROUBLE DE L'IDENTITÉ DE GENRE, TIG (DYSPHORIE DE GENRE)

En anglais : Gender Identity Disorder, GID (Gender Dysphoria)

AVEZ-VOUS DÉJÀ ENTENDU CES MOTS ?
ON PEUT LES EXPLIQUER DE NOMBREUSES MANIÈRES, MAIS POUR RÉSUMER, DISONS QU'IL S'AGIT D'UN "ÉTAT DE DISSONANCE COGNITIVE PERSISTANTE CAUSÉ PAR UN SENTIMENT D'INADÉQUATION ENTRE SON SEXE BIOLOGIQUE ET SON IDENTITÉ DE GENRE."

AU PRINTEMPS 2013, TROIS ANS APRÈS MON DÉPART DE L'UNIVERSITÉ ...
J'AI COMMENCÉ UN PARCOURS DE TRANSITION DE GENRE.
ET DEUX ANS ET DEMI PLUS TARD...
À L'ÉTÉ 2015, MA TRANSITION, PHYSIQUE ET ADMINISTRATIVE, ÉTAIT ACCOMPLIE.
【PÈRE】
【MÈRE】 HIRASAWA
【LIEN DE PARENTÉ】 DEUXIÈME FILLE
【DATE DE NAISSANCE】
【LIEU DE NAISSANCE】

épisode 1
EXTRAIT D'ÉTAT CIVIL
JE M'APPELLE YUNA HIRASAWA ET JE VAIS VOUS RACONTER...
L'HISTOIRE DE MON VOYAGE VERS MON VRAI MOI.

WIIONNN...
LE 16 FÉVRIER 2015...
LES GENS SE SALUENT LES MAINS JOINTES !
YOUPI !!
ET DÈS LA DESCENTE DE L'AVION, L'ODEUR DES ÉPICES...
ENVAHIT VOS NARINES !!
PLUS DE 35 °C EN PLEIN HIVER !!
J'AI ATTERRI À L'AÉROPORT INTERNATIONAL SUVARNABHUMI EN THAÏLANDE, OÙ JE DEVAIS SUBIR MON OPÉRATION.
I'M IN THAILAND !!

LES CHIRURGIES DE RÉASSIGNATION SEXUELLE (CRS) SONT ÉGALEMENT PRATIQUÉES AU JAPON, MAIS LA THAÏLANDE EST LE PAYS QUI OBTIENT ACTUELLEMENT LES MEILLEURS RÉSULTATS DANS CE DOMAINE !
ROYAUME DE THAÏLANDE
UN TEL VOYAGE PRÉSENTE BIEN SÛR DES AVANTAGES ET DES INCONVÉNIENTS, MAIS APRÈS MÛRE RÉFLEXION, J'AI DÉCIDÉ DE FAIRE MA CRS ICI.
VOYONS VOIR, JE SUIS CENSÉE RETROUVER MON AGENT D'ACCUEIL À...
IL EXISTE DES AGENCES D'ACCOMPAGNEMENT PRIVÉES QUI PRENNENT EN CHARGE LES PERSONNES VENANT EN THAÏLANDE POUR UNE CRS.
HÔPITAL
HÔTEL
AGENCE D'ACCOMPAGNEMENT
J'AI DÉCIDÉ D'AVOIR RECOURS À L'UNE D'ELLES ET DE BÉNÉFICIER DE SON SOUTIEN, CAR IL S'AGISSAIT DE MON TOUT PREMIER VOYAGE À L'ÉTRANGER... DOUBLÉ D'UNE OPÉRATION CHIRURGICALE ! J'ÉTAIS AU COMBLE DE L'ANXIÉTÉ.
LE TYPE DE SOUTIEN APPORTÉ DÉPEND DE L'AGENCE ET DU TYPE DE CONTRAT CHOISI.
J'AI, POUR MA PART, PRIS UN CONTRAT "FULL SUPPORT" AVEC UNE ÉQUIPE LOCALE QUI PARLAIT JAPONAIS.
8
AH ! VOILÀ ! PORTE 8 !!
SAUF QUE...

COMMENT FAIRE ? JE ME SUIS TROMPÉE D'ENDROIT ? JE NE VOIS NULLE PART LA FEMME AUX CHEVEUX COURTS DE LA PHOTO...
Konnichiwa !
PUIS VINGT MINUTES SE SONT ÉCOULÉES, ET PERSONNE N'EST VENU !!
DIX...
...
QUINZE ...
...
VOUS... ÊTRE... KENSUKE ?
N... NON ! PAS DU TOUT !
Et vous, qui êtes-vous ?!
EXCUSEZ-MOI !
LA THAÏLANDE ÉTANT MONDIALEMENT CONNUE DANS LE DOMAINE DES CHIRURGIES DE RÉASSIGNATION SEXUELLE, PLUSIEURS GROUPES ATTENDAIENT LEURS CLIENTS.
DES EMPLOYÉS D'AUTRES AGENCES ?

YURIKO-SAN ?
NON ! VOUS VOUS TROMPEZ !!
Je ne suis pas venue ici pour devenir un homme !
ÉVIDEMMENT, CERTAINS HOMMES TRANS VIENNENT AUSSI EN THAÏLANDE POUR LEURS CHIRURGIES.
TOUT LE MONDE SEMBLAIT AVOIR DU MAL À TROUVER SES CLIENTS.
ENFIN, TRENTE MINUTES ENVIRON APRÈS L'HEURE PRÉVUE...
AH ! HIRASAWA-SAN ! KONNICHIWA !
BONJOUR ! RAVIE DE VOUS RENCONTRER !!
JE ME SENTAIS COMME UNE ENFANT ENFIN RÉCUPÉRÉE PAR SES PARENTS À LA SORTIE DE L'ÉCOLE MATERNELLE !
VOUS ATTENDEZ DEPUIS LONGTEMPS ?
C'EST TRÈS JAPONAIS, ÇA !
C'EST UNE PARTICULARITÉ JAPONAISE ? VRAIMENT ?
D'autres gens vous ont parlé, j'imagine ?
Les Japonais qui viennent pour se faire opérer sont faciles à repérer !
Ah bon ?
VROOM

VOILÀ À QUOI RESSEMBLAIT MON PROGRAMME EN THAÏLANDE !
16 février : arrivée en Thaïlande
17 février : entrée à l'hôpital
18 février : opération
4 mars : sortie de l'hôpital
8 mars : retour au Japon
Hôtel
Deux semaines d'hospitalisation
Hôtel
J'AI PASSÉ LES JOURS AVANT ET APRÈS MON HOSPITALISATION DANS UN HÔTEL.
LE PREMIER JOUR, J'AI DONC D'ABORD ÉTÉ EMMENÉE À L'HÔTEL EN VOITURE.
BRRA
LES ROUTES SONT MAUVAISES, EN THAÏLANDE ! ÇA SECOUE ! AU RETOUR, TOUT LE MONDE SE PLAINT QUE ÇA FAIT MAL ! ACCROCHEZ-VOUS BIEN !
BRRA
BRRA
C'EST VRAI QUE ÇA SECOUE DRÔLEMENT, ALORS QU'ON EST DANS UNE VOITURE DE MARQUE JAPONAISE !
BRRA
WIIOn

UN… UN TRUC COMPLÈTEMENT IMPROBABLE VIENT DE PASSER DEVANT NOUS !
COMMENT ÇA ?
QUATRE PERSONNES SANS CASQUE SUR UN SCOOTER !
AUCUN SOUCI ! C'EST NORMAL !
VRAIMENT ?! IL EST DINGUE, CE PAYS !!
NOUS SOMMES ARRIVÉES À L'HÔTEL.
JE ME SUIS OCCUPÉE DU CHECK-IN !
BON COURAGE AVEC L'OPÉRATION ! À BIENTÔT !
RECEPTION
J'AI DIT AU REVOIR À LA PERSONNE CHARGÉE DE L'ACCUEIL ET DU TRANSPORT.
JE LA REVERRAIS LE JOUR DU RETOUR, SUR LE CHEMIN DE L'AÉROPORT.
QUELQUE CHOSE DE TYPIQUEMENT THAÏ S'EST ALORS PASSÉ…
Sawatdii kah ! (BONJOUR)
Je devrais saluer les employés de la réception !
Sawatdii kah !
※Avec une voix d'homme
À bien y regarder : ombre d'une moustache.

LES EMPLOYÉS DE L'AGENCE D'ACCOMPAGNEMENT S'OCCUPENT DE TOUT, NOTAMMENT DE LA RÉSERVATION DE LA CHAMBRE D'HÔTEL.
COMME JE N'AVAIS PAS DE PRÉFÉRENCES PARTICULIÈRES, JE LEUR AI LAISSÉ CARTE BLANCHE, Y COMPRIS EN CE QUI CONCERNAIT L'HÔTEL.
This is your room!
ON NE M'AVAIT PAS MENTI. EN THAÏLANDE, ON CROISE DE NOMBREUSES PERSONNES TRANS, MÊME DANS DES MÉTIERS EN CONTACT AVEC LA CLIENTÈLE.
DOMMAGE QU'ELLE NE SE RASE PAS LA MOUSTACHE !
JE N'EN REVENAIS PAS ! ILS M'AVAIENT RÉSERVÉ UNE SUITE !
MAIS C'EST IMMENSE !!

All... for you!
↑ Essaie de m'expliquer que la chambre entière est pour moi.
TANT DE LUXE... ÇA ME RAPPELLE LES DERNIERS REPAS DES PILOTES KAMIKAZES DE LA SECONDE GUERRE MONDIALE...
PLON
CE QUI A RENDU LA TROUILLARDE QUE JE SUIS ENCORE PLUS INQUIÈTE.
Tenez, 20 baht !
Khrap !
MON PREMIER POURBOIRE !
LE CHOIX DE L'HÔTEL VARIE NON SEULEMENT EN FONCTION DE L'AGENCE QUI S'OCCUPE DE VOUS, MAIS AUSSI DE L'HÔPITAL OÙ SE DÉROULE L'OPÉRATION.
QUOI QU'IL EN SOIT, J'AI BEAUCOUP TRANSPIRÉ ! ALORS, À LA DOUCHE !
OUF ! L'EAU EST CLAIRE !
PSHH
CERTAINES CLINIQUES SE SITUENT DANS LE SUD DU PAYS OÙ SE TROUVENT DE GRANDES STATIONS BALNÉAIRES, ALORS APPAREMMENT, C'EST UNE BONNE OPTION POUR LES PATIENTS QUI VEULENT EN PROFITER POUR VISITER LE COIN.
※N.B. : J'ai quelques rondeurs au niveau de la poitrine parce que j'avais commencé un traitement hormonal.
JE L'AVAIS TOUJOURS DÉSIRÉ, MAIS CELA M'INQUIÉTAIT, IRRÉMÉDIABLEMENT.
DANS DEUX JOURS, À LA MÊME HEURE...
JE DIRAI ADIEU À CE CORPS.
J'AI FAIT TOUT MON POSSIBLE POUR NE PAS Y PENSER ET JE ME SUIS ENDORMIE.

LE LENDEMAIN
ENFIN LE JOUR DE MON ENTRÉE À L'HÔPITAL ! UNE NOUVELLE EMPLOYÉE DE L'AGENCE M'A PRISE EN CHARGE À PARTIR DE LÀ ET M'A SUIVIE PENDANT TOUTE MON HOSPITALISATION.
JE M'OCCUPERAI DE VOUS...
JUSQU'À VOTRE SORTIE DE L'HÔPITAL !
CETTE FEMME PARLAIT UN JAPONAIS IMPECCABLE. ELLE A SERVI D'INTERMÉDIAIRE AVEC L'HÔPITAL, S'EST OCCUPÉE DE TOUTES LES DÉMARCHES ADMINISTRATIVES ET M'A RENDU VISITE TOUS LES JOURS.
VOICI UN MOBILE LOCAL POUR VOUS. ET JE VOUS DONNE MON NUMÉRO PERSONNEL.
AU MOINDRE SOUCI, MÊME EN PLEINE NUIT, APPELEZ-MOI !
D'ACCORD...
UNE FOIS À L'HÔPITAL, IL FAUDRA REMPLIR CE QUESTIONNAIRE POUR LES PSYCHIATRES.
TRÈS BIEN...
BON, NOTRE TAXI EST LÀ ! ALLONS-Y !
D'ACCORD !!
Ça y est, il est l'heure de partir !
ARRIVÉE À L'HÔPITAL APRÈS LA COURSE EN TAXI.
JE VAIS ÊTRE HOSPITALISÉE ICI ? C'EST IMMENSE !

OH ! ET L'INTÉRIEUR EST NICKEL !
JE ME DEMANDAIS À QUOI RESSEMBLAIENT LES HÔPITAUX EN THAÏLANDE ...
MAIS EN FAIT, ILS SONT COMME...
CONFIONS VOS AFFAIRES À L'ACCUEIL ET ALLONS VOIR LES PSYCHIATRES.
ZIM
FWISH
FLAP
UN... UN TRUC COMPLÈTEMENT IMPROBABLE VIENT DE PASSER DEVANT NOUS !
COMMENT ÇA ?
AUCUN SOUCI ! C'EST NORMAL !
UNE EMPLOYÉE EN MINIJUPE A FILÉ À PLEINE VITESSE EN ROLLER !!
BRRR
BRRR
J'AI COMME UNE IMPRESSION DE DÉJÀ-VU !!

PSYCHIATRE A
PSYCHIATRE B
VOUS AVEZ UN TIG !!
CRS
TOUT COMME AU JAPON, LA LOI THAÏLANDAISE VEUT QU'AU MOINS DEUX PSYCHIATRES VALIDENT LE DIAGNOSTIC DE TROUBLE DE L'IDENTITÉ DE GENRE AVANT QU'UN PATIENT SUBISSE UNE CHIRURGIE DE RÉASSIGNATION SEXUELLE.
ET MÊME SI ON A DÉJÀ ÉTÉ DIAGNOSTIQUÉ AU JAPON, IL FAUT REMETTRE ÇA EN THAÏLANDE...
Ô misère...
"À QUEL ÂGE AVEZ-VOUS POUR LA PREMIÈRE FOIS ÉPROUVÉ UN SENTIMENT D'INADÉQUATION PAR RAPPORT À VOTRE GENRE ?"
"DESSINEZ UNE PERSONNE."
C'EST DANS CET ENVIRONNEMENT QUE J'AI REMPLI MON QUESTIONNAIRE PSYCHIATRIQUE EN ATTENDANT MA CONSULTATION.
ALORS QUE TROIS MOIS DE CONSULTATIONS AVAIENT ÉTÉ NÉCESSAIRES AU JAPON, UNE DEMI-HEURE A SUFFI EN THAÏLANDE.
น่ารักจัง
ELLE VOUS TROUVE ADORABLE.
EUH... MERCI.
MAIS EN THAÏLANDE, ÇA A VITE ÉTÉ EXPÉDIÉ.
OK ! OK !
HEIN ? MAIS ON A PARLÉ À PEINE UN QUART D'HEURE !
AUCUN PROBLÈME.
Passons à l'autre docteur.
ENSUITE, COMME JE SUIS NÉE AVEC UNE MALADIE CARDIAQUE CHRONIQUE ET QUE J'AI ÉGALEMENT DE L'ASTHME, JE SUIS AUSSI PASSÉE PAR LES SERVICES DE CARDIOLOGIE ET MÉDECINE RESPIRATOIRE.
OK !
ZIM
CARDIOLOGUE
OK !
PNEUMOLOGUE
UNE FOIS QU'ILS M'ONT TOUS DONNÉ L'AUTORISATION D'ÊTRE OPÉRÉE...
J'AI ENFIN PU RENCONTRER LE CHIRURGIEN EN CHARGE DE MA CRS.

CEPENDANT, AVANT SON ARRIVÉE, L'INFIRMIÈRE M'A POSÉ UNE QUESTION CHOC.
How long you want?
ต้องการความยาวเท่าไหร่คะ?
EUH... LA LONGUEUR DE QUOI ?
ELLE VOUDRAIT SAVOIR ...
QUELLE PROFONDEUR DE VAGIN VOUS DÉSIREZ, AVANT L'OPÉRATION.
QU... QUE... QUOI ?!

QUOI ?! ON PEUT CHOISIR LA LONGUEUR DE SON PROPRE VAGIN ?! COMBIEN DE CENTIMÈTRES SONT NÉCESSAIRES ?! OU PLUTÔT, QUELLE EST LA LONGUEUR IDÉALE, DU POINT DE VUE D'UN HOMME ? AH… J'AI MOI-MÊME VÉCU COMME UN HOMME, TANT BIEN QUE MAL, PENDANT TOUTES CES ANNÉES… ALORS SI C'ÉTAIT MOI… NON, EN FAIT, JE N'AI ABSOLUMENT JAMAIS PENSÉ À ÇA ! QUELLE EST LA LONGUEUR NORMALE, POUR UNE FEMME ?!
LA PROFONDEUR QUE J'AI CHOISIE RESTERA MON SECRET.
À peu près long comme ça…
OK !
PEU APRÈS, J'AI DISCUTÉ AVEC LE CHIRURGIEN EN CHARGE DE MON OPÉRATION.
C'EST VRAIMENT PÉNIBLE…
HM…
IL A PARLÉ TECHNIQUE PUIS A AUSCULTÉ MES ORGANES GÉNITAUX D'ORIGINE. LA VISITE S'EST TERMINÉE EN UN RIEN DE TEMPS.
ต้องการอะไรเป็นพิเศษมัยครับ?
AVEZ-VOUS DES DEMANDES EN PARTICULIER ?
EUH… QUE ÇA AIT L'AIR… JOLI ?
TOUTES MES VISITES S'ÉTAIENT DÉROULÉES SANS ENCOMBRE ET J'AVAIS FINI MES DÉMARCHES D'ADMISSION.
ROLL ガラ
ROLL ガラ
Je suis crevée !
ÇA M'AVAIT PRIS TOUTE LA JOURNÉE.
SOIT DIT EN PASSANT, J'AI VU DE NOMBREUSES FEMMES CISGENRES AVEC DE LA MOUSTACHE, EN THAÏLANDE.
ELLE A DE LA BARBE ?!
Clairement pas une femme trans.
LEUR CULTURE L'ACCEPTE PEUT-ÊTRE, DANS CE PAYS ?

VOICI VOTRE CHAMBRE, MISS HIRASAWA.
ELLE EST DRÔLEMENT GRANDE !
METTEZ VOS OBJETS DE VALEUR DANS LE COFFRE-FORT
VOICI LES TOILETTES ET LA DOUCHE.
VOUS SEREZ OPÉRÉE DEMAIN MATIN.
UNE INFIRMIÈRE VOUS APPORTERA UN LAXATIF DANS UN MOMENT. NE MANGEZ ET NE BUVEZ RIEN APRÈS ÇA.
C'EST TOUT POUR AUJOURD'HUI.
JE REVIENDRAI VOUS VOIR DEMAIN À LA FIN DE L'OPÉRATION, MAIS SI VOUS AVEZ BESOIN DE MOI ENTRE-TEMPS, CONTACTEZ-MOI AVEC VOTRE MOBILE LOCAL.
D... D'ACCORD.
MERCI BEAUCOUP.

ガチャ
CLAC
COMME L'OPÉRATION EST PROGRAMMÉE DEMAIN, VOUS ÊTES CERTAINEMENT NERVEUSE, MAIS...
JE VOUS CONSEILLE DE VOUS COUCHER TÔT ET DE DORMIR LE PLUS POSSIBLE !
AU REVOIR !
バタン
VLAM
JE ME TROUVAIS DANS UNE IMMENSE CHAMBRE D'HÔPITAL EN TERRE INCONNUE. VEILLE DE L'OPÉRATION... PREMIER SÉJOUR À L'ÉTRANGER...
LA SOLITUDE ET L'ANXIÉTÉ M'ONT ENVAHIE.
épisode 1 // fin

rubrique 01

La circulation routière en Thaïlande

Quand on roule en voiture dans les rues de Bangkok, la capitale thaïlandaise (qui porte le nom extrêmement long de Krung Thep mahanakhon amon rattanakosin mahintara ayuthaya mahadilok phop noppharat ratchathani burirom udomratchaniwet mahasathan amon piman awatan sathit sakkathattiya witsanukam prast en langue locale), on ne peut qu'être surpris par les conditions de circulation. Il est parfaitement habituel, pour les Thaïlandais, de rouler avec un nombre de passagers supérieur à la capacité de transport du véhicule, comme le scooter qu'on voit dans ce premier chapitre. Un grand nombre de personnes s'installent également à l'arrière des camions et **leurs jambes dépassent sur les côtés.** Par ailleurs, bien que les voies de circulation soient clairement marquées sur la chaussée, personne ne les respecte ! Pour une raison que j'ignore, parfois, **quatre files de véhicules se forment sur des routes qui ne comptent que deux voies !** Est-ce par impatience ? Au moindre espace entre deux véhicules, tout le monde se précipite et essaie de s'y glisser pour avancer, ne serait-ce que d'un mètre ! La personne chargée de mon accueil, pourtant joyeuse et souriante, n'était pas en reste. Dès qu'une zone vide apparaissait devant une voiture, elle me demandait mon avis : “On est d'accord qu'il n'y a rien devant lui, il devrait bouger ?!” Non non non, il y a à peine **1 m entre les deux véhicules !** Le paradoxe étant qu'au bout du compte, absolument personne ne peut avancer à cause de tout ça. J'avais l'impression d'observer toute l'avidité et l'égoïsme des êtres humains en action.

Des camions de ce genre nous frôlaient sans cesse.
C'était terrifiant ! Ils risquent tous de perdre une jambe !!

STYLE VESTIMENTAIRE DES INFIRMIÈRES EN THAÏLANDE

COMME L'OPÉRATION EST PROGRAMMÉE DEMAIN, VOUS ÊTES CERTAINEMENT NERVEUSE, MAIS...
JE VOUS CONSEILLE DE VOUS COUCHER TÔT ET DE DORMIR LE PLUS POSSIBLE !
AU REVOIR !
VLAM
バタン
JE ME TROUVAIS DANS UNE IMMENSE CHAMBRE D'HÔPITAL EN TERRE INCONNUE. VEILLE DE L'OPÉRATION... PREMIER SÉJOUR À L'ÉTRANGER...
LA SOLITUDE ET L'ANXIÉTÉ M'ONT ENVAHIE.
épisode 2

SPLASH
ザパーン
GROSSE VAGUE D'ANXIÉTÉ
HIII !
QUOI QU'IL EN SOIT...
CLIC
カパ
JE DOIS DÉFAIRE MA VALISE, PRENDRE UNE DOUCHE ET ME CHANGER !
AH... J'AURAIS BIEN AIMÉ QUE LA SALLE D'EAU SOIT UN PEU PLUS JOLIE !
ジャ
PSS
ENFIN BON, C'EST UN HÔPITAL, PAS LE CHOIX...
Très pointilleuse en matière de salle de bains.
ばん
TA
DAM
!
UNE FOIS DÉBARRASSÉE DE MA SUEUR, J'AI COMMENCÉ MES PRÉPARATIFS POUR L'APRÈS-OPÉRATION.
JE SAVAIS QUE JE N'ALLAIS PAS POUVOIR BOUGER. JE DEVAIS DONC PLACER LES OBJETS NÉCESSAIRES AU QUOTIDIEN À PROXIMITÉ DU LIT.
JE VAIS SURTOUT UTILISER MON MOBILE LOCAL POUR LES CONTACTS D'URGENCE ET MON SMARTPHONE POUR COMMUNIQUER AVEC MA FAMILLE, ALORS JE LES POSE ICI.
D'AILLEURS, LES CHAMBRES D'HÔPITAL SONT ÉQUIPÉES DE WIFI, ALORS IL EST POSSIBLE DE COMMUNIQUER AVEC LE JAPON VIA DES APPLICATIONS COMME "LINE".

LE SOIR VENU, UNE INFIRMIÈRE M'A APPORTÉ UN LAXATIF.
JE DOIS TOUT AVALER...
EN UNE HEURE, PAR PETITES GORGÉES.
INTERDICTION DE MANGER OU DE BOIRE QUOI QUE CE SOIT APRÈS.
BAH... J'AI DÉJÀ BU ÇA LORS DE MA COLONOSCOPIE, AU JAPON. ÇA N'A PAS TRÈS BON GOÛT, MAIS...
GLOU
C'EST JUSTE UN LAXATIF...
KSHH
C'EST...
C'EST VRAIMENT ...
IMMONDE !!
PAOW

SOIT ILS N'AVAIENT PAS CHERCHÉ À LE RENDRE BUVABLE COMME UN LAXATIF JAPONAIS...
SOIT ILS L'AVAIENT FAIT, MAIS LA QUALITÉ LAISSAIT À DÉSIRER.
EN TOUT CAS, C'ÉTAIT AFFREUX !
C'EST À LA FOIS CORSÉ...
ET SALÉ À SOUHAIT, POUR BIEN TE DONNER LA NAUSÉE !
DU GENRE À VOUS FILER LA MIGRAINE APRÈS UNE SEULE GORGÉE !
CE FUT UNE HEURE PÉNIBLE À PASSER.
GLOU
GLOU
APRÈS UN NETTOYAGE COMPLET DE MES ENTRAILLES, JE ME SUIS COUCHÉE.
JE N'ARRIVE PAS À DORMIR...
Télé restée allumée sur la chaîne NHK WORLD.
JE SERAI ENFIN OPÉRÉE DEMAIN...
J'AI L'IMPRESSION D'AVOIR PARCOURU UN SI LONG CHEMIN !
MON PREMIER RENDEZ-VOUS CHEZ LE PSYCHIATRE DATE DE DEUX ANS, AU PRINTEMPS.
À L'ÉPOQUE, JAMAIS JE N'AURAIS CRU QUE J'ARRIVERAIS AUSSI LOIN !
VOUS IMAGINIEZ PEUT-ÊTRE QUE LORSQU'UNE PERSONNE TRANSGENRE ÉTAIT DIAGNOSTIQUÉE, ELLE PASSAIT IMMÉDIATEMENT À LA CASE "CHIRURGIE DE RÉASSIGNATION SEXUELLE"... MAIS EN RÉALITÉ, LE PARCOURS THÉRAPEUTIQUE N'A RIEN D'AUSSI SIMPLE.

LA ROUTE QUI MÈNE À CETTE OPÉRATION EST LONGUE ET ABRUPTE.
IL M'A FALLU DEUX ANS POUR ARRIVER EN THAÏLANDE.
ET CES DEUX ANNÉES N'ONT PAS ÉTÉ FACILES ! CEPENDANT, EMPRUNTER CE CHEMIN ÉPROUVANT...
EUH... EXCUSEZ-MOI...
ÉTAIT MON SEUL DÉSIR DANS LA VIE, À CE MOMENT-LÀ.
J'ÉTAIS PERSUADÉE QUE LUI SEUL ME MÈNERAIT HORS DU GOUFFRE OBSCUR DANS LEQUEL JE ME TROUVAIS.
J'AI DONC CHOISI DE L'EMPRUNTER À TÂTONS...
J'AI RENDEZ-VOUS...
MON NOM EST HIRASAWA.
ET DE COMMENCER UN TRAITEMENT DE TRANSITION DE GENRE.
N° 6 ! VOUS ÊTES ATTENDU EN SALLE DE CONSULTATION !
!!
À CAUSE DE CE QU'ON VOIT DANS LES SÉRIES TÉLÉVISÉES, LA MAJORITÉ DES GENS IMAGINE QUE LES PERSONNES TRANSGENRES AFFIRMENT SANS L'OMBRE D'UN DOUTE "JE NE SUIS PAS UN HOMME / UNE FEMME !!", MAIS CE N'EST PAS LE CAS DE TOUT LE MONDE.
BONJOUR.
JE PEUX AUJOURD'HUI AFFIRMER MON IDENTITÉ DE GENRE SANS AUCUNE DIFFICULTÉ, MAIS À L'ÉPOQUE, CELA ME TOURMENTAIT ÉNORMÉMENT. J'ÉTAIS POUR LE MOINS PERSUADÉE QUE JE DEVAIS VIVRE COMME UN HOMME, VU QUE J'AVAIS UN CORPS D'HOMME.

CEPENDANT, SANS MÊME M'EN RENDRE COMPTE, J'AVAIS ATTEINT MES LIMITES. JE NE POUVAIS PLUS SUPPORTER DE VIVRE EN TANT QU'HOMME.
J'AIMERAIS SAVOIR SI J'AI UN TROUBLE DE L'IDENTITÉ DE GENRE…
C'EST POURQUOI J'AVAIS DEMANDÉ À ÊTRE DIAGNOSTIQUÉE. JE VOULAIS METTRE UN NOM SUR CETTE SENSATION QUE JE NE COMPRENAIS PAS.
JE PENSAIS QU'UN PSY-CHIATRE SERAIT EN MESURE…
DE PRENDRE AU SÉRIEUX MA SOUFFRANCE AVEC BIEN-VEILLANCE…
MAIS EN RÉALITÉ…
UN "TROUBLE"…
DE "L'IDENTITÉ" DE "GENRE" ?!
GRAC
VRUL
J'AI LU SUR LE NET QUE VOUS DIAGNOS-TIQUIEZ LES GENS, ICI…
OUI, EN EFFET.
ON LE FAIT, MAIS AVEZ-VOUS CONSCIENCE…
QUE VOTRE VIE ENTIÈRE VA CHANGER ?!

VOUS TRAVAILLEZ EN ENTREPRISE ?
COMMENT ALLEZ-VOUS LEUR EXPLIQUER ÇA ?
ET VOTRE FAMILLE ? VOS COUSINS ? VOS AMIS ?
VONT-ILS ACCEPTER VOTRE CHOIX ?
RÉFLÉCHISSEZ BIEN À TOUT ÇA !!
ENFIN BON, NOUS ALLONS VOUS TESTER, POUR VOIR. PRENEZ RENDEZ-VOUS MARDI, MERCREDI OU JEUDI.
Et portez-vous bien !
GRMBL
くど くど
J'AI EU DROIT À UNE ENTRÉE EN PSYCHIATRIE DES PLUS CHOQUANTES.
J'AI APPRIS RÉCEMMENT...
QUOI ?! TU T'ES FAIT DIAGNOSTIQUER LÀ-BAS ?
IL N'Y A PAS PLUS SÉVÈRE QUE CE PSY, VOYONS !
Il est célèbre dans toute la communauté trans !
Sérieux ?
Amie trans
MAIS JE N'AVAIS PAS CHOISI CE MÉDECIN SANS RAISON.
AH... UNE PETITE PRÉCISION, HIRASAWA-SAN !
?!
PREMIÈREMENT, LES CLINIQUES QUI DIAGNOSTIQUAIENT FACILEMENT NE M'INSPIRAIENT PAS CONFIANCE.
ET DEUXIÈMEMENT...
NE PRENEZ EN AUCUN CAS DES HORMONES OU DES MÉDICAMENTS VENDUS SUR INTERNET !
VOUS AVEZ ENGAGÉ CES DÉMARCHES DANS L'ESPOIR DE TROUVER LE BONHEUR, ALORS PRENEZ SOIN DE VOTRE CORPS !
Si le diagnostic est établi, nous vous donnerons le traitement adéquat, comme il se doit.

OUI, DOCTEUR.
C'EST AINSI QUE JE SUIS DEVENUE LA PATIENTE D'UN CABINET DE PSYCHIATRIE À UNE HEURE ET DEMIE DE TRAIN DE CHEZ MOI.
CE QUE M'AVAIT DIT LE MÉDECIN NE M'AVAIT ÉVIDEMMENT PAS LAISSÉE DE MARBRE.
LE JOUR DE LA CONSULTATION SUIVANTE, J'AI DONC PRIS DES MESURES DRASTIQUES.
デデーン
TADAM
Perruque 3 000 yens*
Maquillage bon marché
Acheté en friperie 1 000 yens*
Achetée par correspondance 1 500 yens*
*N.D.T : environ 8, 12 et 20 euros
JE VIVAIS ENCORE CHEZ MES PARENTS À L'ÉPOQUE, ALORS J'AVAIS FAIT LIVRER MA COMMANDE DANS UN POINT DE RETRAIT.
JE ME SUIS CHANGÉE DANS LES TOILETTES AVANT DE ME RENDRE À MA CONSULTATION.
QUAND J'Y REPENSE, JE DEVAIS VRAIMENT AVOIR L'AIR RÉPUGNANTE.

MAIS ARRIVÉE À DESTINATION...
BIEN...
COMMENÇONS PAR UN TEST.
HEIN ? CE N'EST PAS LE MÊME DOCTEUR ?
LES TROUBLES DE L'IDENTITÉ DE GENRE SONT PRINCIPALEMENT DIAGNOSTIQUÉS À L'AIDE DE TESTS PSYCHOLOGIQUES.
QUE VOYEZ-VOUS ?
EUH...
J'AVAIS RASSEMBLÉ TOUT MON COURAGE POUR M'HABILLER EN FEMME, MAIS JE N'AVAIS PAS LE PSYCHIATRE EN FACE DE MOI. UN TRÈS GENTIL PSYCHOLOGUE AVAIT PRIS SA PLACE.
QUOI QU'IL EN SOIT, LE PROCESSUS EVR EST CONSIDÉRÉ COMME TRÈS IMPORTANT DANS LE CADRE D'UN TRAITEMENT DES TIG.
Regard haineux
Regard indifférent
Regard émoustillé
QU'EST-CE QUE LE PROCESSUS EVR ?
IL S'AGIT D'UNE EXPÉRIENCE DE VIE RÉELLE. UN PROCESSUS QUI VISE À VÉRIFIER SI ON PEUT S'ADAPTER À LA SOCIÉTÉ EN VIVANT AVEC LE GENRE DÉSIRÉ.
ME RENDRE EN CONSULTATION HABILLÉE EN FEMME ÉTAIT POUR MOI UN PREMIER GRAND PAS, QUI A MARQUÉ LE DÉBUT DE MON EVR.
カッ TAP
カッ TAP
REGARDE-MOI CE PERVERS !

LES "TRAVESTIS" ONT BEAU ÊTRE POPULAIRES À LA TÉLÉVISION...
CONFRONTÉS À UN HOMME HABILLÉ EN FEMME DANS LA RUE...
CERTAINS ONT L'IMPRESSION D'ÊTRE EN FACE D'UN PERVERS. LEUR RÉACTION ÉTAIT COMPRÉHENSIBLE, MAIS RESTAIT EXTRÊMEMENT BLESSANTE.
J'AI CONTINUÉ MALGRÉ TOUT À ME RENDRE À MES CONSULTATIONS HABILLÉE EN FEMME...
PARCE QUE JE M'APPRÊTAIS À M'ENGAGER SUR CETTE VOIE.
INFORMATIONS MÉDICALES À FOURNIR
CLINIQUE XX
UN TEST CHROMOSOMIQUE...
EN RÉALITÉ, EN PLUS D'UN DIAGNOSTIC PSYCHOLOGIQUE, IL EST NÉCESSAIRE D'EFFECTUER UN TEST CHROMOSOMIQUE ET DE FAIRE VÉRIFIER QUE LES ORGANES GÉNITAUX SONT NORMAUX POUR DIAGNOSTIQUER UN TIG.
OUI. VOUS DEVREZ AUSSI CONSULTER UN UROLOGUE.
Je vais vous faire une ordonnance.
EUH... D'ACCORD.

ET CECI AFIN DE NOUS DISTINGUER DES PERSONNES INTERSEXES, SOUFFRANT DE VARIATIONS DU DÉVELOPPEMENT GÉNITAL.
TROUBLES DE L'IDENTITÉ DE GENRE
AUCUN PROBLÈME PHYSIQUE. ON A CLAIREMENT DES ORGANES FÉMININS OU MASCULINS, MAIS LE GENRE RESSENTI DIFFÈRE DE CELUI DU CORPS.
LE GENRE DE MON CORPS NE CORRESPOND PAS À MA PROPRE PERCEPTION.
L'INTERSEXUATION EST UN SYNDROME CONGÉNITAL ET DÉSIGNE LE FAIT QUE LES CHROMOSOMES OU LES ORGANES GÉNITAUX SONT ATYPIQUES.
VARIATIONS DU DÉVELOPPEMENT GÉNITAL
PERSONNES INTERSEXES, NÉES DANS UN ÉTAT OÙ IL EST IMPOSSIBLE DE DÉTERMINER SI ELLES SONT "UN GARÇON" OU "UNE FILLE". CELA N'A AUCUN RAPPORT AVEC LEUR GENRE RESSENTI.
MON CORPS NE RENTRE PAS DANS LES NORMES DU MASCULIN OU DU FÉMININ. (CERTAINS ONT DES ORGANES DES DEUX SEXES, D'AUTRES ONT DES PARTICULARITÉS CHROMOSOMIQUES.)
C'est drôlement compliqué !
AUTREMENT DIT, SI LE TEST CHROMOSOMIQUE ET LA VÉRIFICATION DES ORGANES GÉNITAUX NE PERMETTENT PAS DE CLAIREMENT ÉTABLIR SI ON EST UN HOMME OU UNE FEMME, ON N'A PAS UN TROUBLE DE L'IDENTITÉ DE GENRE, MAIS UNE VARIATION DU DÉVELOPPEMENT GÉNITAL !
J'AI DONC ÉTÉ ENVOYÉE DANS DES CLINIQUES À DROITE À GAUCHE...
CE QUI DEMANDE BEAUCOUP D'EFFORTS, MAIS QUI FAIT SURTOUT MAL AU PORTE-MONNAIE.
AU JAPON, LES TESTS ET LES TRAITEMENTS RELATIFS AUX TIG NE SONT PAS COUVERTS PAR L'ASSURANCE MALADIE !! AJOUTEZ À ÇA LE COÛT DES TRANSPORTS... ÇA NE RIGOLE VRAIMENT PAS !
シャキーン
TCHAK
45 000 YENS POUR UN TEST CHROMO-SOMIQUE !
45000 YENS*
*N.D.T : 280 euros environ
APRÈS TROIS MOIS PASSÉS AINSI...
チリーン
TING

DIAGNOSTIC
ble de l'identité de genre
ÇA Y EST...
J'AI UN DIAGNOSTIC !!
YOU ARE G.I.D.
VLAM
Je ne portais plus de perruque parce que mes cheveux avaient poussé et qu'il faisait chaud.
ET MAINTENANT...
QUELLE EST LA SUITE ?
QUELQUE TEMPS APRÈS, J'AI FAIT MON COMING OUT À MA MÈRE...
PUIS J'AI APPELÉ MON FRÈRE AÎNÉ ET MA SŒUR CADETTE QUI NE VIVAIENT PLUS À LA MAISON, ET NOUS AVONS TENU UN CONSEIL DE FAMILLE.

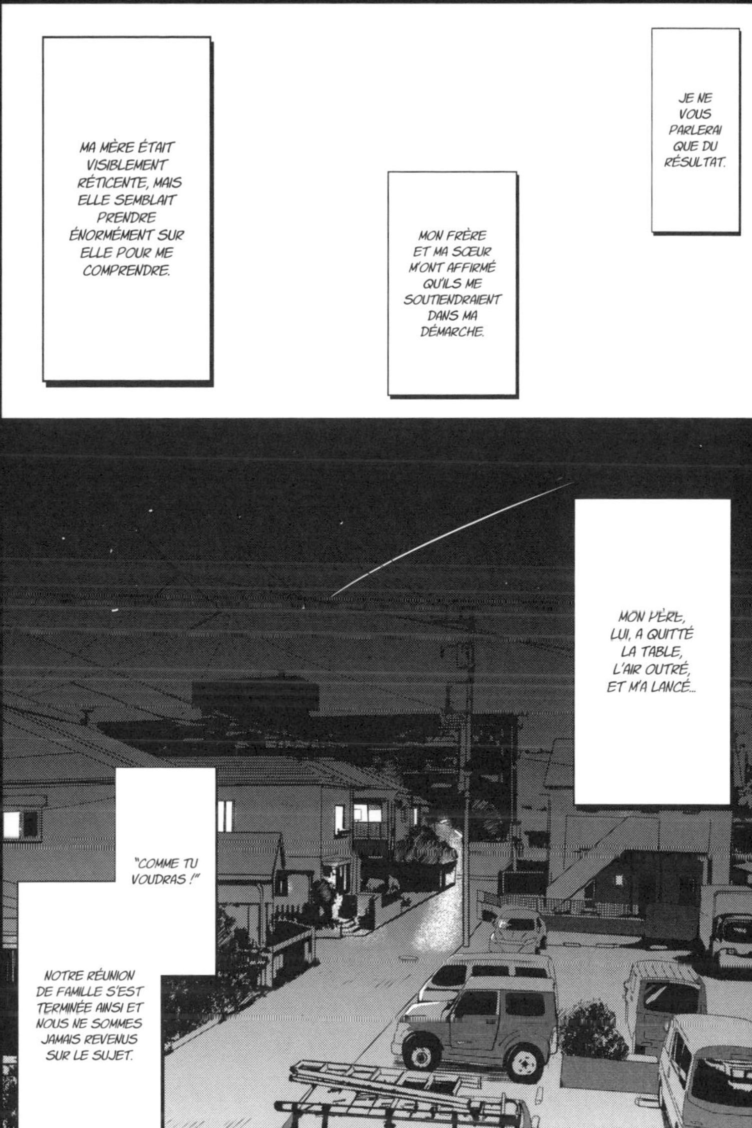

JE NE VOUS PARLERAI QUE DU RÉSULTAT.
MON FRÈRE ET MA SŒUR M'ONT AFFIRMÉ QU'ILS ME SOUTIENDRAIENT DANS MA DÉMARCHE.
MA MÈRE ÉTAIT VISIBLEMENT RÉTICENTE, MAIS ELLE SEMBLAIT PRENDRE ÉNORMÉMENT SUR ELLE POUR ME COMPRENDRE.
MON PÈRE, LUI, A QUITTÉ LA TABLE, L'AIR OUTRÉ, ET M'A LANCÉ...
"COMME TU VOUDRAS !"
NOTRE RÉUNION DE FAMILLE S'EST TERMINÉE AINSI ET NOUS NE SOMMES JAMAIS REVENUS SUR LE SUJET.

J'AI QUITTÉ LA MAISON, COMME MON FRÈRE ME L'AVAIT CONSEILLÉ.
J'AI DISCUTÉ AVEC DES PERSONNES DANS LE MÊME CAS QUE MOI ET COLLECTÉ DES INFORMATIONS TOUT EN SUIVANT UN TRAITEMENT HORMONAL.
J'AI SUBI DES EXAMENS PRÉOPÉRATOIRES, CONSULTÉ DES MÉDECINS, RASSEMBLÉ LES DOCUMENTS NÉCESSAIRES...
PUIS JE SUIS PARTIE EN THAÏLANDE.
J'AI TRAVERSÉ BIEN DES ÉPREUVES POUR ARRIVER JUSQU'ICI.
ET J'AI CROISÉ BIEN DES REGARDS...

VAIS-JE PARVENIR À CHANGER GRÂCE À CETTE OPÉRATION ?
LES AMIS À QUI JE N'AI PAS FAIT MON COMING OUT VONT-ILS M'ACCEPTER ?
VAIS-JE RÉUSSIR...
À VRAIMENT M'AIMER ?

Good morning!!
Les infirmières entrent carrément sans prévenir.
VLAM
MAIS DE BON MATIN, L'AMBIANCE N'EST JAMAIS À L'INTROSPECTION, POUR LES THAÏLANDAIS...
Today... is...
TAP
TAP
How are you?
HM... BOF BOF.
J'ai pas du tout dormi.
HAHAHA~
GRMBL
AU MILIEU DE CES MANIFESTATIONS DE JOIE DE VIVRE SANS BORNES TYPIQUEMENT THAÏLANDAISES QUI CONTRASTAIENT VIVEMENT AVEC MON ANXIÉTÉ.
operation!!
MON OPÉRATION ÉTAIT ENFIN SUR LE POINT DE COMMENCER ...
épisode 2 // fin

rubrique 02

Vocabulaire ayant trait aux troubles de l'identité de genre

***Terminologie employée en 2016, au moment où l'autrice crée ce livre – Ne reflète plus la terminologie actuelle.**

GID ..... Abréviation de Gender Identity Disorder (trouble de l'identité de genre – TIG). Certains estiment que le mot "disorder", ou trouble, est inapproprié et qu'il faudrait employer les termes de Gender Dysphoria (dysphorie de genre). La question n'avait toujours pas été tranchée en 2016.

MtF ..... Abréviation de "male to female". Désigne une personne qui va effectuer ou qui a effectué une transition d'homme à femme. Ces derniers temps, il arrive souvent que cette abréviation soit utilisée pour des gens qui n'effectuent pas leur transition parce que c'est plus commode.

FtM ..... Abréviation de "female to male". Désigne une personne qui va effectuer ou qui a effectué une transition de femme à homme. Ces derniers temps, il arrive souvent que cette abréviation soit utilisée pour des gens qui n'effectuent pas leur transition, parce que c'est plus commode.

SRS ..... Abréviation de Sex Reassignment Surgery (chirurgie de réassignation sexuelle ou CRS). Autrefois appelée "chirurgie de conversion sexuelle" ou encore "chirurgie de changement de sexe", termes qui semblaient seulement indiquer qu'on "changeait le sexe du corps" et qui ne respectaient donc pas l'identité de genre des personnes trans. On utilise désormais plus souvent les mots "réassignation sexuelle" car ils signifient que cette opération fait correspondre le sexe du corps avec l'identité de genre de la personne.

Passing ..... Le fait, pour une personne transgenre, d'être perçue comme appartenant à son genre de destination. Les différents degrés de "passing" sont appelés le "passing level".

Lead ..... Contrairement à celles qui peuvent "avoir l'air" cisgenre, les personnes "lead" sont immédiatement repérées comme étant des hommes ou des femmes trans.

Test de "passing level" ..... Acte de vérifier à quel point une personne transgenre peut être perçue comme appartenant à son genre de destination aux yeux de la société. Concrètement, au Japon, on peut par exemple regarder les tickets de caisse des chaînes de restauration rapide ou des supérettes, sur lesquels figurent les informations à visées statistiques entrées par les caissiers sur l'âge et le sexe du client. On peut aussi s'appuyer sur les paquets de mouchoirs publicitaires distribués dans la rue qui sont différents pour les hommes et les femmes, ou encore sur la couleur de clé de vestiaire qui vous est donnée à l'entrée des bains publics.

UNE FOIS LE TRAITEMENT HORMONAL ENTAMÉ...
Travaille encore en entreprise.
ON M'AVAIT DIT QU'ON OBTENAIT EN GÉNÉRAL UN BONNET A GRÂCE AUX HORMONES, MAIS...
J'AI L'IMPRESSION QU'ILS ONT DAVANTAGE GONFLÉ QUE ÇA...
J'en suis ravie, mais c'est un peu gênant.
À TOUS LES EMPLOYÉS
Avis de visite de la médecine du trava
Pour que votre dossier soit complet,
passez votre bilan de santé en interne
à la date indiquée sur le calendrier ci-desso
*Si vous manquez la visite, vous devrez passe
un bilan à vos frais à une date ultérieure.
ET VLAN ! SITUATION DE CRISE !!
VLAM
BON ! ILS N'Y VERRONT QUE DU FEU, SI JE ME TIENS COMME ÇA !
STRATÉGIE : BRAS CROISÉS !
RADIOGRAPHIE DES POUMONS
AH... J'AI L'AIR DE LE PRENDRE DE HAUT ! DÉSOLÉE !
Heureusement qu'il n'a pas de stéthoscope !

SOUFFRANT D'UN TROUBLE DE L'IDENTITÉ DE GENRE...
Today is... operation!!
JE ME TROUVAIS À PRÉSENT DANS UN HÔPITAL EN THAÏLANDE.
épisode 3
ET L'HEURE DE MA CHIRURGIE...
DE REASSIGNATION SEXUELLE ÉTAIT ENFIN VENUE.

Opération à 14 ans
SI JE ME SOUVIENS BIEN, QUAND ON M'A ENLEVÉ MA TUMEUR...
ON M'A D'ABORD INJECTÉ UN TRUC POUR ME CALMER, DANS MA CHAMBRE.
FWIT
PUIS ON M'A ENDORMIE EN SALLE D'OPÉRATION.
ZIM
Change this!
AH... ELLE VEUT QUE J'ENFILE CETTE BLOUSE CHIRURGICALE...
FWIT
キラーン
BLING
AH... ÇA DOIT ÊTRE LE CALMANT ?
VRUL

AAAAAAAAAAAAH !
C'EST… C'EST QUOI, CE DÉLIRE ?! TOUT TOURNE AUTOUR DE MOI ! J'AI L'IMPRESSION DE M'ENVOLER…
COMME SI J'ÉTAIS HAPPÉE PAR LE TOURBILLON DE KAMÉ SENNIN, DANS "DRAGON BALL" !
FWOOOOSH
MISS HIRASAWA !
MISS HIRASAWA !

ピッ BIP
ピッ BIP
L'OPÉRATION S'EST BIEN PASSÉE !
Mon accompagnatrice, arrivée je ne sais quand.
L'OPÉRATION AVAIT INTÉGRALEMENT EU LIEU PENDANT MON SOMMEIL.
BIEN ÉVIDEM-MENT...
À VRAI DIRE, JE N'AI QUE DE VAGUES SOUVENIRS DES DEUX JOURS QUI ONT SUIVI L'OPÉRATION.
JE ME RAPPELLE SIMPLEMENT QU'IL ÉTAIT ENVIRON 16 H 30 QUAND J'AI OUVERT LES YEUX...
MAIS AUSSI...
DES INTENSES DOULEURS POSTOPÉ-RATOIRES.

BIIIP !
J'ai tellement appuyé sur le bouton que l'alarme de sécurité s'est déclenchée.
J'AVAIS SI MAL QUE JE M'EN SUIS INJECTÉ À RÉPÉTITION...
Ça ressemble à ça.
PUSH
J'AVAIS DEMANDÉ À BÉNÉFICIER DU SERVICE "PAIN FREE", SANS DOULEUR.
CLIC
CLIC
CLIC
CE QUI FAIT QUE J'ÉTAIS TOUJOURS À DEMI-CONSCIENTE.
EN PRESSANT UN BOUTON JUSTE À PORTÉE DE MAIN, ON PEUT S'INJECTER SOI-MÊME DE LA MORPHINE.
MES SOUVENIRS NE SONT DONC NETS QU'À PARTIR DU MOMENT OÙ MA DOSE DE MORPHINE A BAISSÉ PARCE QUE LA DOULEUR AVAIT GRADUELLEMENT PERDU EN INTENSITÉ.
In pain!
Don't worry! You are beautiful!
Les mots d'encouragement des infirmières n'avaient souvent rien à voir avec ce que je leur disais.
Accrochez-vous !
TROISIÈME JOUR APRÈS L'OPÉRATION.
HM...

Traductrice de la clinique
QUAND VOUS AUREZ ÉVACUÉ LES GAZ, TOUT SERA BON !
AUCUN PROBLÈME AVEC LA CICATRICE !
ไม่มีปัญหาครับ พอลำไส้เริ่มทำงาน เดี๋ยวก็ผายลมออกมาเอง
Gastro-entérologue
QU'EN DIT-IL ?
COMME J'ÉTAIS RELIÉE À TOUT UN TAS DE TUYAUX, DRAINS ET AUTRES SONDES, ME ROULER SUR LE VENTRE POUR "ÉVACUER MES GAZ" ÉTAIT QUASIMENT MISSION IMPOSSIBLE.
Perfusion
Drain
Drain
ROULEZ-VOUS SOUVENT SUR LE VENTRE POUR LAISSER SORTIR LES GAZ !
Sonde urinaire
Drain
LA MÉTHODE OPÉRATOIRE QUE J'AVAIS CHOISIE CONSISTAIT À PRÉLEVER UN SEGMENT DU CÔLON POUR L'UTILISER COMME ORGANE GÉNITAL. LE RÉTABLISSEMENT DE MON TRANSIT INTESTINAL ÉTAIT DONC UNE GRANDE ÉTAPE À FRANCHIR POUR MOI.
J'AIMERAIS EXPLIQUER CETTE TECHNIQUE OPÉRATOIRE DE MANIÈRE SIMPLE !
POUR CELLES ET CEUX D'ENTRE VOUS QUI SONT SURPRIS PAR L'UTILISATION D'UN BOUT D'INTESTIN...
INTER-ROMPONS L'HISTOIRE ICI UN MOMENT !!
JE DOIS ME DÉBROUILLER POUR ROULER SUR LE VENTRE, ET...
ROLL
ROLL

斬
SLASH
LES GENS CROIENT SOUVENT, À TORT, QU'IL S'AGIT SIMPLEMENT DE TOUT TRANCHER D'UN COUP.
IL EXISTE PLUSIEURS TECHNIQUES, MAIS LE PRINCIPE EST TOUJOURS D'UTILISER LES ORGANES EXISTANTS POUR FABRIQUER UN APPAREIL GÉNITAL FÉMININ.
※Dans le cas d'une transition FtM, les chirurgiens utilisent diverses parties du corps pour la génitoplastie.
LES IMAGES RÉELLES ÉTANT TROP ÉVOCATRICES À PLUS D'UN TITRE...
JE VAIS UTILISER DES ALIMENTS COMME EXEMPLES !
TADAM !
※N.B. : J'ai vraiment réalisé cette “sculpture”.
Saucisse
Bloc de tofu
Sac en feuilles de tofu avec deux œufs de caille à l'intérieur
AU BOUT DU COMPTE...
EUH...
C'EST ENCORE PLUS OBSCÈNE !!

AMI DU LYCÉE QUI M'A POSÉ LA QUESTION DANS LA VRAIE VIE.
TES MACHINS VONT VRAIMENT ÊTRE TRANSFORMÉS EN CE QUE JE PENSE ?
OH... SI ÇA T'INTÉRESSE, OUVRE GRAND TES OREILLES !
C'EST PARTI !!
BLING !
TCHAK
PLUS BESOIN DES ŒUFS DE CAILLE, ALORS ON LES ENLÈVE !
GYAAH !
※N.B. : Ceci n'est absolument pas représentatif des gestes opératoires employés.
LES MIENS ONT DÛ FINIR À LA POUBELLE.
MAIS IL PARAÎT QUE SUR DEMANDE, CERTAINES CLINIQUES PEUVENT TE LES DONNER POUR QUE TU LES RAPPORTES CHEZ TOI.
Pour quoi faire ? Aucune idée.
BARRE DE VIE
ON INCISE ENSUITE LA SAUCISSE POUR LA VIDER DE SON CONTENU.
※N.B. : J'insiste, il ne s'agit que d'un bloc de tofu, un sac en feuilles de tofu et d'une saucisse !

ENSUITE, TU RÉDUIS L'EXTRÉMITÉ ET TU UTILISES LA PEAU DU RESTE DE LA SAUCISSE POUR MAINTENIR LE TOUT EN PLACE EN L'ENFOUISSANT À L'INTÉRIEUR DU BLOC DE TOFU.
Extrémité de la saucisse.
Peau
Inciser... Vider...
PRESQUE MORT
BEUAH
UNE DES CONDITIONS POUR QUE LES PERSONNES TRANSGENRES PUISSENT CHANGER OFFICIELLEMENT DE SEXE AU JAPON EST QUE LEURS ORGANES GÉNITAUX EXTERNES SOIENT LES MÊMES QUE CEUX DES PERSONNES DU GENRE D'ARRIVÉE.
Il suffit pour cela que leur apparence soit la même.
LES PERSONNES QUI SOUHAITENT UNIQUEMENT OBTENIR UN CHANGEMENT ADMINISTRATIF S'ARRÊTENT DONC À CETTE ÉTAPE-LÀ.
IL S'AGIT ALORS D'UNE CHIRURGIE SANS VAGINOPLASTIE, UNE VULVOPLASTIE.
MAIS SI ON NE CRÉE PAS DE VAGIN, LE CHANGEMENT EST UNIQUEMENT VISUEL ET PAS DU TOUT FONCTIONNEL.
BREF... EN S'ARRÊTANT LÀ, IMPOSSIBLE D'AVOIR DES RELATIONS SEXUELLES AVEC PÉNÉTRATION.
Ça te dit ?
Mince, alors...

※N.B. : Technique développée par le docteur du même nom en Thaïlande.

※N.B. : J'ai par la suite utilisé ces ingrédients pour cuisiner un bon plat.
KSHH
Petite amie de mon camarade de lycée
MAIS TOUT DE MÊME, JE ME DEMANDE QUELLE SENSATION ÇA FAIT !
SAU-CISSE... TOFU...
JE NE PEUX PAS COMPARER, VU QUE J'IGNORE CE QUE RESSENTENT LES FEMMES CISGENRES...
En tout cas, la sensation est très différente par rapport à l'époque où j'étais un homme.
MUNCH
MUNCH
MAIS VU QUE LES ORGANES GÉNITAUX DES HOMMES ET DES FEMMES SONT À LA BASE FORMÉS À PARTIR DES MÊMES CELLULES, IL EXISTE PEUT-ÊTRE QUELQUES SIMILARITÉS ?
ET DU POINT DE VUE D'UN PARTENAIRE MASCULIN ?
HM... APPAREMMENT, LA SENSATION N'EST PAS EXACTEMENT LA MÊME, MAIS...
J'AI VU AUX INFOS QU'UN HOMME, À L'ÉTRANGER, AVAIT DÉCOUVERT...
QUE SA FEMME ÉTAIT TRANS APRÈS DIX-NEUF ANS DE MARIAGE.
Ils ne peuvent donc pas faire la distinction !
AAAAAAAAH

MES EXPLICATIONS ONT UN PEU TRAÎNÉ EN LONGUEUR, MAIS J'AI DONC SUBI UNE COLOVAGINOPLASTIE SIGMOÏDIENNE, QUI UTILISE UNE PARTIE DE L'INTESTIN.
Mais si ! Allez, on y va ! L'important, c'est que les gens s'aiment !
Je ne peux plus croire en rien !

REPRENONS LE FIL DE NOTRE HISTOIRE ET RETOURNONS EN THAÏLANDE. COMME MON INTESTIN AVAIT ÉTÉ SECTIONNÉ, IL ME FALLAIT BIEN ÉVIDEMMENT ÊTRE SOUS PERFUSION JUSQU'À CE QUE SES FONCTIONS SE RÉTABLISSENT...
Me... tourner... sur le ventre...
LE TUBE LE PLUS PÉNIBLE DE TOUS ÉTAIT CELUI QUE J'AVAIS DANS LE NEZ.
Celui-là

J'ESSAYAIS DÉSESPÉRÉMENT D'EFFECTUER LA MANŒUVRE ALORS QUE J'AVAIS ÉGALEMENT MAL DANS TOUTE LA ZONE OPÉRÉE AU MOINDRE MOUVEMENT.
IL Y A UN PEU DE SANG DANS LE DRAIN...
MA PAROI GASTRIQUE SAIGNE !
AÏE !!
IL SERVAIT À ÉVACUER MON LIQUIDE GASTRIQUE AFIN QU'IL NE DESCENDE PAS DANS L'INTESTIN. DU COUP, J'AVAIS MAL À LA GORGE RIEN QU'EN AVALANT MA SALIVE !! ET LE TUBE FROTTAIT DOULOUREUSEMENT CONTRE MA PAROI GASTRIQUE QUAND JE ME RETOURNAIS SUR LE VENTRE !!
SI... SI JE PARVIENS À ÉVACUER MES GAZ, ILS M'ENLÈVERONT MON DRAIN GASTRIQUE !
GRIP
JE VAIS MASSER MON ABDOMEN SANS TOUCHER LA CICATRICE...
PUIS ME TOURNER SUR LE VENTRE EN PRENANT SOIN DE NE PAS TIRER SUR MON DRAIN...
ALLEZ ! ENCORE UNE FOIS !
AH... JE SENS QUE ÇA VIENT !
ÇA VIENT !! ÇA VIENT !!
J'Y SUIS PRESQUE !!
VLAM
Clean body!
TOC
TOC
Frappe mais n'attend pas pour entrer.

PROUT
Good sign!
J'AI DÛ PERDRE ABSOLUMENT TOUTE FÉMINITÉ AFIN DE DEVENIR UNE FEMME... QUELLE IRONIE !
CEPENDANT, MES "EFFORTS" ONT PAYÉ...
ET LE LENDEMAIN MATIN, ON M'A ENFIN ENLEVÉ MON DRAIN NASO-GASTRIQUE.
Remove ok!
by : le gastro-entérologue

Relax!
Are you ready?
O... OK! Come on!
EUH... ON DIRAIT UN PEU QU'ELLE S'APPRÊTE À FAIRE UN TRUC DE DINGUE, VU SA POSITION !!
One...
Two...
FWIP
VOILÀ COMMENT LE PREMIER DES TUBES CONNECTÉS À MON CORPS M'A ÉTÉ ENLEVÉ, DANS UN INCONFORT INDICIBLE, DES SUCS GASTRIQUES ÉTANT REMONTÉS DANS MON NEZ EN MÊME TEMPS QUE LA DOULEUR PASSAGÈRE CAUSÉE PAR L'EXTRACTION.
OK!
J'AVAIS UN TRUC AUSSI LONG ET ÉPAIS À L'INTÉRIEUR DE MON CORPS ?!

Visite de mon accompagnatrice
VOUS VOUS SENTEZ UN PEU MIEUX SANS CE DRAIN, J'IMAGINE ?
OUI... MAIS JE NE PEUX TOUJOURS PAS DORMIR LA NUIT SANS ANALGÉSIQUES.
JE SUIS PASSÉE VOIR LE CHIRURGIEN. IL M'A DIT QU'IL VOUS ENLÈVERAIT VOS POINTS DANS TROIS JOURS.
VOUS GARDEREZ VOTRE GOUTTE-À-GOUTTE JUSQUE-LÀ. MAIS LES CHOSES SE PRÉSENTENT BIEN.
VRAIMENT ?!
UNE SEMAINE APRÈS L'OPÉRATION, LE MÉDECIN A JUGÉ QU'ON POUVAIT SANS PROBLÈME M'ENLEVER MES POINTS DE SUTURE.
J'AVAIS PEU À PEU MOINS MAL...
JE ME RÉTABLISSAIS COMME PRÉVU.
CEPENDANT...
LA VÉRITABLE BATAILLE...
N'AVAIT PAS ENCORE COMMENCÉ...
épisode 3 // fin

rubrique 03

Différences entre une vaginoplastie par inversion péno-scrotale et une colovaginoplastie sigmoïdienne

Les différentes méthodes de CRS ont leurs avantages et leurs inconvénients. Il n'existe pas une méthode clairement "plus fabuleuse" que les autres. Quelle que soit la méthode choisie, les personnes qui souhaitent subir ce genre d'intervention doivent prendre une décision en mettant dans la balance leurs besoins personnels ainsi que les avantages et désavantages de chaque procédure. Je vais présenter ici les deux procédures les plus typiques pour la transition chirurgicale MtF. Les avantages et les inconvénients de la méthode par inversion péno-scrotale et de la colovaginoplastie sigmoïdienne sont résumés de manière simple, mais sans détour.

Inversion péno-scrotale

Avantages

- Coût relativement moins élevé
- Comme le scalpel touche uniquement les organes génitaux, il n'y a pas d'autres cicatrices et le rétablissement est plus rapide.

Inconvénients

- La profondeur du vagin qu'on peut former dépend de la taille des organes génitaux d'origine.
- L'intérieur du néo-vagin n'est pas lubrifié par l'excitation sexuelle.
  - La texture à l'intérieur est un peu différente de celle d'un vrai vagin car le néo-vagin est constitué de tissus cutanés.
  - Les séances de dilatation sont extrêmement pénibles !

Colovaginoplastie sigmoïdienne

Avantages

- La sensation à l'intérieur du vagin est relativement proche de celle d'un vagin biologique.
- Il y a des sécrétions à l'intérieur (susceptibles d'être produites lorsqu'un corps étranger est inséré).
- Vous pouvez choisir la profondeur de votre vagin, dans les limites de ce qui est médicalement raisonnable.
- Les séances de dilatation sont relativement moins pénibles.

Inconvénients

- Le coût élevé !
- Pendant les premiers mois après l'opération, la quantité de sécrétions et leur odeur très particulière vous donneront l'impression d'avoir vos règles tous les jours !!
- Une cicatrice horizontale de dix centimètres subsiste sur le bas-ventre.
- Le rétablissement est lent car il s'agit d'une chirurgie de l'appareil digestif.

UN "GOOD!!" ÉNIGMATIQUE

UNE SEMAINE S'ÉTAIT ÉCOULÉE DEPUIS MON OPÉRATION.
JE M'ÉTAIS RÉTABLIE NORMALEMENT ET ON ALLAIT M'ENLEVER MES POINTS DE SUTURE.
CEPENDANT, À CE MOMENT-LÀ...
MES POINTS VONT ENFIN ÊTRE RETIRÉS !
JE NE CONNAISSAIS PAS ENCORE LA VÉRITABLE NATURE DE LA BATAILLE...
QUI ATTEND LES PATIENTES...
APRÈS UNE CHIRURGIE DE RÉASSIGNATION SEXUELLE.
épisode 4

BONJOUR !
NOUS ALLONS VOUS ENLEVER VOS POINTS !
Traductrice de l'hôpital
AH... JE ME SOUVIENS, ÇA FAIT SACRÉMENT MAL...
L'a déjà vécu
SHRIK
ENFIN BON... JE SOUFFRE MOINS DEPUIS QUELQUES JOURS... ET CE SERA VITE FINI...
FRP
FRP
MAIS TOUT DE MÊME, ÇA M'ÉTONNE, QU'ELLES FASSENT AUTANT DE PRÉPARATIFS !
TIENS ? UNE INJECTION ?
PFUIT
OH NON ! ENCORE UN TOURBILLON ANESTHÉSIQUE !
HAAAA

ぱち
KZUM
MISS HIRASAWA ! VOS POINTS ONT TOUS ÉTÉ ENLEVÉS !
UNE FOIS DE PLUS, TOUT AVAIT ÉTÉ FAIT PENDANT MON SOMMEIL.
EN FAIT, OUTRE LES POINTS DE SUTURE, IL Y AVAIT AUSSI, DANS LA ZONE TOUCHÉE, UN DRAIN POUR ÉVACUER LE SANG ET UN REMBOURRAGE POUR ÉVITER UNE STÉNOSE.
ILS AURAIENT DÛ ME PRÉVENIR QU'ILS ALLAIENT M'ENDORMIR !
JE ME SUIS INQUIÉTÉE POUR RIEN !
APPAREMMENT, ILS M'AVAIENT ENDORMIE AFIN DE POUVOIR ENLEVER TOUT ÇA EN MÊME TEMPS QUE MES POINTS.
MON DISTRIBUTEUR DE MORPHINE M'A LUI AUSSI ÉTÉ RETIRÉ À CE MOMENT LÀ.
ガラ ROLL
ガラ ROLL
J'AI POURTANT ENCORE UN PEU MAL, LE SOIR...
CETTE NUIT-LÀ, J'AI ÉTÉ FRAPPÉE PAR UNE DOULEUR ENTIÈREMENT NOUVELLE POUR MOI...
UN MAL QU'ON APPELLE...

※N.B. : Il s'agit de mon interprétation personnelle. Les causes de la douleur du membre fantôme ne sont pas clairement établies.

AU PASSAGE, POUR ILLUSTRER SIMPLEMENT...
CETTE DOULEUR FANTÔME À TOUS LES HOMMES QUI LISENT CES PAGES...
ザクッ
TCHAK
Et au fil du temps, le couteau semble se transformer en fourchette !!
C'EST QUELQUE CHOSE DANS CE GENRE-LÀ !
Réaction des hommes
Réaction des femmes
J'en sais trop rien, mais ça a l'air douloureux !

Quelques jours plus tard, lorsqu'on m'a enlevé le goutte-à-goutte...
Une longue période de torture...
Célèbre dans le monde de la transition, a commencé.
Enfin bref, une douleur absolument indescriptible m'assaillait à intervalles irréguliers.
Il... il n'est plus là...
Il n'est plus là ! Tu m'entends, corps de malheur ?!
ガク VLAM
ガク VLAM
La douleur était particulièrement atroce la nuit. J'étais vraiment au plus mal.
Danse étrange due aux douleurs trop intenses.
HI
HI
HI
Let's...
ガク BRR
ガク BRR

Dilation!!
LA "DILATATION" EST UN SOIN MÉDICAL QUI CONSISTE À INSÉRER UN DISPOSITIF APPELÉ DILATATEUR DANS LE VAGIN CRÉÉ CHIRURGICALEMENT POUR EMPÊCHER SON RÉTRÉCISSEMENT.
DU POINT DE VUE DE L'ORGANISME, APRÈS L'OPÉRATION, LE NÉO-VAGIN EST UNE BLESSURE GRAVE.
SI ON LE LAISSAIT FAIRE, IL GUÉRIRAIT NATURELLEMENT ET FINIRAIT PAR SE REBOUCHER COMPLÈTEMENT. IL EST DONC NÉCESSAIRE DE LE DILATER RÉGULIÈREMENT.
C'EST LE MÊME PRINCIPE QUE LES BOUCLES D'OREILLES MÉDICALES PORTÉES APRÈS UN PERÇAGE.
Dilatateur : un bâton au bout arrondi, en cire ou en acrylique.

EN BREF, ON INSÈRE UN BÂTON À L'INTÉRIEUR DE LA PLAIE ET ON L'ÉLARGIT EN TOURNANT...
ALORS QU'ELLE EST PLEINE DE TERMINAISONS NERVEUSES SECOUÉES DE DOULEURS FANTÔMES.
CE SOIN POSTOPÉRATOIRE EST DONC ATROCEMENT DOULOUREUX !!
Excuse me!
Hm...
Beautiful! Beautiful!
Vous êtes magnifique !
NON MAIS ! ON SE CROIRAIT À UN CONCOURS DE FOIRE !!

SOIT DIT EN PASSANT, CHAQUE NOUVELLE INFIRMIÈRE M'OFFRAIT CES EXCLAMATIONS...
Beautiful!
CLAP パチパチ CLAP
ALORS QU'EN RÉALITÉ, LA PLAIE ÉTAIT ENFLÉE ET PLUTÔT REPOUSSANTE. J'IMAGINE QU'ON RASSURE LES PATIENTS COMME ÇA, EN THAÏLANDE.
À LA FIN DES APPLAUDIS-SEMENTS, ELLES DÉSINFECTAIENT LA ZONE TOUCHÉE ...
JE SENS COMME UN TRUC À L'INTÉRIEUR... C'EST QUOI, CETTE SENSATION ?
PUIS ON PASSAIT À LA DILATATION.
Are you ready?
O... OK! Come on!
Relax! Relax!
GLOUPS
KZUM
ズモ

La douleur était telle que j'en perdais la voix.
HAA!
HAA!
FRP
FRP
Relax! Re-lax!!
UNE FOIS LE DILATATEUR ENTIÈREMENT INSÉRÉ, ON LE FIXE AVEC UNE BANDE ÉLASTIQUE ET ON LE LAISSE EN PLACE PENDANT UNE HEURE.
OK! Keep one hour!
UNE HEURE COMME ÇA ?!
LA FRÉQUENCE DES SOINS DE DILATATION SEMBLE VARIER D'UN HÔPITAL À L'AUTRE. MON PROGRAMME ÉTAIT DE TROIS SÉANCES PAR JOUR AINSI QUE TOUTE LA NUIT.
À VRAI DIRE, IL PARAÎT QUE DE NOMBREUSES PATIENTES SOMBRENT DANS LA NÉGATIVITÉ, LES PREMIERS TEMPS, CAR IL FAUT PASSER DE LONGUES HEURES SANS BOUGER DANS LA DOULEUR À CHAQUE SÉANCE DE DILATATION.
J'ÉTAIS BIEN ÉVIDEMMENT DANS CE CAS.
J'AI MAL ! J'AI MAAAL !!
J'EN AVAIS ENTENDU PARLER, OUI ! MAIS C'EST PIRE QUE TOUT CE QUE J'AVAIS IMAGINÉ !

MAIS... JE DOIS PRENDRE SUR MOI ! SINON, ÇA VA SE REBOUCHER, ALORS QUE JE ME SUIS DONNÉ BEAUCOUP DE MAL POUR ÊTRE OPÉRÉE !
ACCROCHE-TOI !
SI TU RÉSISTES À CETTE DOULEUR...
TU POURRAS RETOURNER AU JAPON !
ET UNE FOIS RENTRÉE...
TIENS ?
UNE FOIS RENTRÉE AU JAPON...
QU'EST-CE QUI M'ATTEND LÀ-BAS ?
UNE FOIS RENTRÉE AU JAPON ...
VOUS AVEZ UNE MAUVAISE INFLUENCE SUR LES ENFANTS !!
ANTI
RESPECT DU GENRE BIOLOGIQUE
UNE FOIS RENTRÉE...
OPÉRÉS OU NON, CE NE SONT QUE DES FEMMES ARTIFICIELLES !
Ils ne sauront jamais combien il est dur d'être une femme !
AU JAPON...
NOUS N'AVONS AUCUN PRÉCÉDENT DANS NOTRE ENTRE-PRISE, ALORS EN CAS DE PROBLÈME, ON NE SAURAIT PAS LE GÉRER...

SI J'AVAIS ÉTÉ OPÉRÉE D'UN CANCER OU D'UNE MALADIE GRAVE...
J'AURAIS SANS DOUTE REÇU DE NOMBREUX MESSAGES D'ENCOURA-GEMENT ET DE SYMPATHIE ...
DES GENS M'AURAIENT RENDU VISITE ET APPORTÉ DES FLEURS.
LA VUE DE CES BOUQUETS M'AURAIT AIDÉE À SUR-MONTER MON TRAITEMENT ...
ET À MA SORTIE DE L'HÔPITAL, DE NOMBREUSES PERSONNES M'AURAIENT CERTAINEMENT FÉLICITÉE POUR MON RÉTABLISSEMENT.
J'AURAI ENDURÉ TOUTE CETTE DOULEUR...
ET SURMONTÉ TOUTES CES PEINES...
POUR RETOURNER DANS CE MONDE AFFREUX !

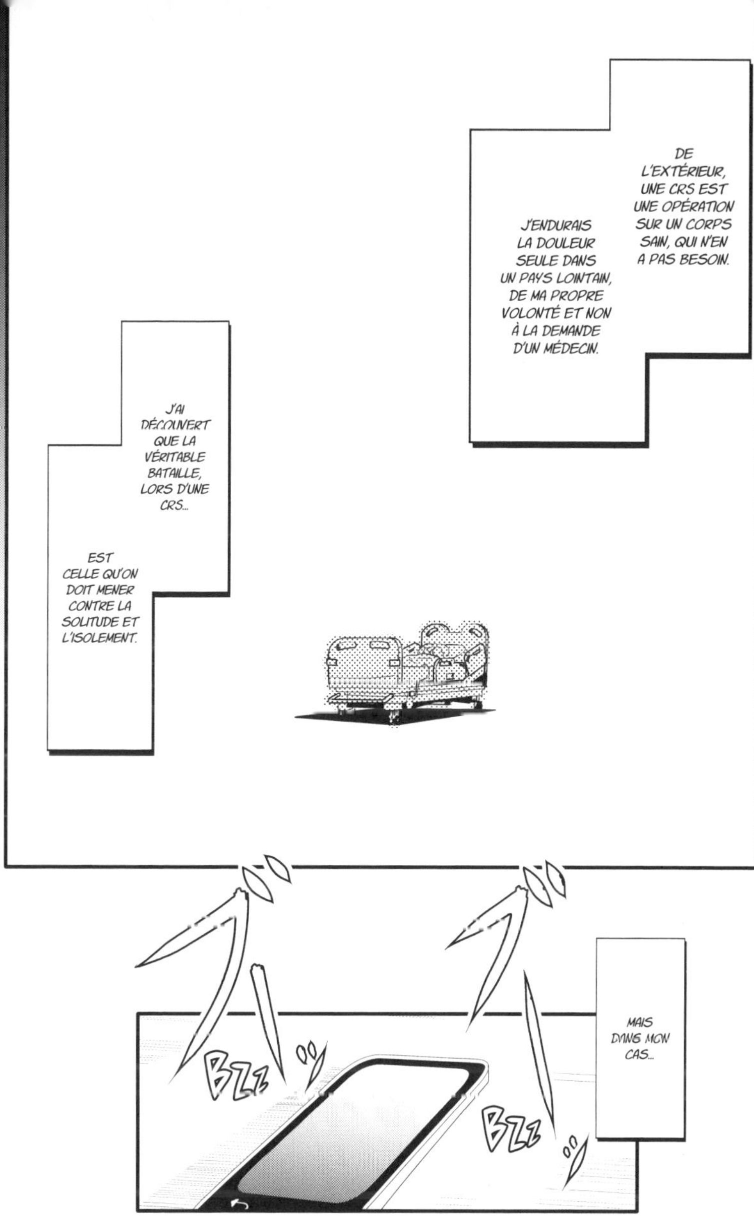
DE L'EXTÉRIEUR, UNE CRS EST UNE OPÉRATION SUR UN CORPS SAIN, QUI N'EN A PAS BESOIN.
J'ENDURAIS LA DOULEUR SEULE DANS UN PAYS LOINTAIN, DE MA PROPRE VOLONTÉ ET NON À LA DEMANDE D'UN MÉDECIN.
J'AI DÉCOUVERT QUE LA VÉRITABLE BATAILLE, LORS D'UNE CRS...
EST CELLE QU'ON DOIT MENER CONTRE LA SOLITUDE ET L'ISOLEMENT.
MAIS DANS MON CAS...
BZZ
BZZ

?!
BZZ
BZZ
FAMILLE HIRASAWA (4)
Petite sœur
Dépêche-toi de rentrer à la maison ! En ce moment sur "Mystic Wiz", on peut combattre les anges d'Evangelion en coop !
ELLE ME PARLE DE JEUX VIDÉO À UN MOMENT PAREIL ?

FAMILLE HIRASAWA (4)
Belle-sœur
Je prie pour que tu rentres bientôt à la maison !! On mangera des tas de bonnes choses quand tu iras mieux !!
Grand frère
Et si on se faisait un bon restau à ton retour, pour célébrer ton rétablissement ?
Petite sœur
J'ai envie de tonkatsu !!
Grand frère
Bon ! Alors, je vous emmènerai chez un spécialiste du tonkatsu à Kamata ! Une vraie tuerie.
Petite sœur
Ça marche !! Rétablis-toi vite et dépêche-toi de rentrer !
JE DOIS M'ACCROCHER...
CAR CE QUI M'ATTEND N'EST PAS UNIQUEMENT UN MONDE QUI ME REJETTE...

DE NOMBREUSES PERSONNES TRANS SONT BRISÉES PAR L'ISOLEMENT.
CERTAINES METTENT PARFOIS FIN À LEURS JOURS.
MOI, J'AI LA CHANCE INCROYABLE ...
D'AVOIR TOUJOURS BÉNÉFICIÉ DU SOUTIEN DE MON FRÈRE ET DE MA SŒUR.
Hello! Dilation finish!!
TOC コン
TOC コン
À COMPTER DE CE JOUR, JE LEUR AI ENVOYÉ DES MESSAGES À CHAQUE SÉANCE DE DILATATION.
ILS M'ONT TOUJOURS RÉPONDU, MÊME S'ILS ÉTAIENT AU TRAVAIL.
LES JOURS SE SONT ENCHAÎNÉS AINSI, MAIS... QUARANTE-HUIT HEURES AVANT LA DATE PRÉVUE DE MA SORTIE D'HÔPITAL...
COSAM ULICARE
UNE CHOSE TERRIBLE EST ARRIVÉE.
épisode 4 // fin

La douleur de la dilatation

Après une vaginoplastie, les séances de soins postopératoires par dilatation sont l'une des plus dures épreuves à supporter pour les femmes trans.

J'ai illustré tout cela au chapitre 4, mais croyez-moi, c'est **extrêmement douloureux !!**
On m'avait rapporté que la douleur serait relativement moindre dans le cas d'une colovaginoplastie sigmoïdienne, mais les douleurs causées par la dilatation étaient tout de même intenses !! Lorsque le dilatateur est inséré dans la plaie encore à vif, c'est **comme si on vous déchirait toute cette zone en tirant depuis l'intérieur !** De surcroît, comme on a toujours l'impression d'avoir des organes génitaux masculins, on croit qu'on vous déchire quelque chose qui n'est pourtant plus là. Le cerveau n'y comprend rien, vu que ces organes n'existent plus. Impossible de savoir où on a mal exactement !! Et plus le dilatateur est poussé vers le fond, plus… Enfin bref, restons-en là. Sachez simplement que, bien qu'on m'ait expliqué tout cela à l'avance et que je m'y sois relativement préparée, car j'avais entendu des rumeurs, **la douleur était inimaginable !**

Par conséquent, il paraît que de nombreuses femmes trans ne poursuivent pas leurs soins de dilatation. Quand je suis entrée à l'hôpital, j'ai pour ma part signé un document stipulant que "l'établissement hospitalier n'est pas responsable de la disparition des organes génitaux faute de la poursuite des soins postopératoires prescrits", et j'ai entendu parler de patientes qui, dans un autre hôpital, avaient signé ce document mais avaient interrompu leur traitement. On peut comparer ça à une sorte d'épreuve extrêmement rude où **seules les personnes qui parviennent à s'extraire en rampant de la vallée abyssale où elles ont été précipitées obtiennent un vagin.**

LEÇON DE DILATATION

LE TREIZIÈME JOUR APRÈS MON OPÉRATION...
J'AI L'IMPRESSION DE M'ÊTRE UN PEU HABITUÉE À LA DOULEUR.
Mais j'ai toujours mal.
QUARANTE-HUIT HEURES AVANT MA SORTIE...
épisode 5
L'INIMAGINABLE EST ARRIVÉ.

Accompagnatrice
BONJOUR !
COMMENT VOUS SENTEZ-VOUS ?
AH... BONJOUR !
ASSEZ BIEN, CES DERNIERS TEMPS.
J'EN SUIS RAVIE !
J'AI UN PETIT CADEAU POUR VOUS !
AH !
MERCI BEAUCOUP !
DANS DEUX JOURS, VOUS ALLEZ ENFIN QUITTER L'HÔPITAL !
UNE INFIRMIÈRE NE VA PAS TARDER À VOUS ENLEVER VOTRE SONDE URINAIRE.
JE N'AURAI ENFIN PLUS AUCUN TUYAU !
THIS IS TINBE AND ROCHIN. THE ROCHIN IS SHORT SPEAR.
Programme NHK WORLD TV qui explique un ancien rituel des îles Ryukyu.
C'est quoi, ces bonbons ? Ils sont moelleux ! Un pur délice !

JE VOUS REVERRAI DEMAIN POUR DISCUTER DE VOTRE SORTIE D'HÔPITAL ET DE LA SUITE.
JE VOUS LAISSE...
car un autre patient arrive ici aujourd'hui.
D'ACCORD ! MERCI BEAUCOUP !
C'EST AINSI QUE, D'EXCELLENTE HUMEUR APRÈS AVOIR MANGÉ CES BONBONS THAÏS, J'AI REÇU LA VISITE D'UNE INFIRMIÈRE.
Hello!
TOC コン
TOC コン
ET MA SONDE URINAIRE, LE DERNIER DE MES TUBES...
OK! Remove!!
C'EST BIEN MOINS DOULOUREUX QUE LORSQUE J'ÉTAIS UN HOMME !
Je l'avais expérimenté lors de mon opération à l'âge de quatorze ans. ↓
M'A ÉTÉ RETIRÉE.
UNE HEURE PLUS TARD ENVIRON...
HA HA
VOYONS VOIR... JE ME DEMANDE QUELLE SENSATION JE VAIS ÉPROUVER !
JE SUIS ALLÉE AUX TOILETTES POUR ESSAYER D'URINER

...
...
~~~
~~~
ÇA...
ÇA NE SORT PAS !!
Je ne peux pas faire pipi !
EH OUI... LE TERRIBLE INCIDENT QUE J'AI ÉVOQUÉ...
N... NURSE CALL!
EST QUE JE NE PARVENAIS PAS À URINER !!

EN RÉALITÉ, IL PARAÎT QUE DANS LE CAS D'UNE TRANSITION MTF, COMME L'URÈTRE A ÉTÉ MODIFIÉ, LE CORPS N'ARRIVE PAS À RÉAGIR...
C'est plus facile, quand on est un homme !
ET DE NOMBREUSES PERSONNES NE PARVIENNENT PLUS À URINER.
C'EST POURQUOI, QUAND J'AI APPELÉ UNE INFIRMIÈRE...
OH ! YOKU ARU (ÇA ARRIVE SOUVENT) !! RELAX IMPORTANT !!
Infirmière qui a appris le japonais en regardant "One Piece" et "Seven Deadly Sins".
DAIJOBU (PAS DE PROBLÈME) !! TOI... POUVOIR PIPI !!
GRIP
TOI, CROIRE EN TOI !!
GAN-BATTE (COURAGE) !!
ELLE CROIT VRAIMENT QUE LE PROBLÈME VA SE RÉGLER COMME DANS UN MANGA ?!

JE NE CROIS PAS QUE CE SOIT UN PROBLÈME PSY.
CEPENDANT, MOI, J'AVAIS L'IMPRESSION D'ÊTRE EN TRAIN D'URINER !
J'URINAIS... MAIS RIEN NE SORTAIT !!
ELLE A PERSISTÉ LONGTEMPS AINSI...
POUVOIR !!
RELAX !! POUVOIR PIPI !!
ZIM
OUI...
Tente d'encourager la miction grâce au bruit de l'écoulement de l'eau.
PSHH
À L'AIDE !!
COMME JE NE PARVENAIS PAS À L'EXPLIQUER À MON INFIRMIÈRE, J'AI APPELÉ MON ACCOMPAGNATRICE EN URGENCE.
J'AVAIS VRAIMENT LA SENSATION QUE LA SORTIE ÉTAIT FERMEMENT FICELÉE.
C'ÉTAIT ATROCEMENT PÉNIBLE !!

ELLE A CONTACTÉ LES INFIRMIÈRES ...
QUI ONT ALORS DÉCIDÉ DE ME FAIRE DE NOUVEAU URINER PAR SONDE URINAIRE MAIS...
Autre infirmière, arrivée dans la chambre d'un air mécontent en faisant tournoyer une sonde.
VRUL
VRUL
?!
เห็นท่อปัสสาวะมัย?
ไม่เห็นนะ
QU... QUOI ?! QUE SE PASSE-T-IL ?!
I can't! Wakaranai ! Watashitachi !
HEIN ?! QUOI ?!
QU'EST-CE QUE VOUS NE POUVEZ PAS FAIRE ?! QU'EST-CE QUE VOUS NE COMPRENEZ PAS ?
ET... OÙ VOUS M'EMMENEZ ?!
ガラ ROLL
ガラ ROLL

J'AI ÉTÉ TRANSFÉRÉE DANS UNE SALLE DE SOINS...
Traductrice de l'hôpital
LA ZONE EST ENFLÉE, ALORS ELLE NE PEUT PAS VOIR L'URÈTRE.
IMPOSSIBLE D'INSÉRER LA SONDE.
SÉ-RIEUSE-MENT ?!
ELLE VEUT DEMANDER AU CHIRURGIEN DE S'EN OCCUPER, MAIS IL EST EN PLEINE OPÉRATION.
TOUT EST FICHU !!
APRÈS ÇA, ON M'A TRANSPORTÉE EN SALLE D'OPÉRATION ET J'AI DÛ ATTENDRE QUE MON CHIRURGIEN AIT ENFIN LES MAINS LIBRES.
ET PENDANT TOUT CE TEMPS, MON ENVIE D'URINER M'ASSAILLAIT PAR VAGUES, IMPITOYABLEMENT.
AU SE-COURS !!

TOUTE... CETTE EAU...
JE DOIS L'ÉVACUER ...
ザ
PSHH
ゴボ KOF
ゴボ KOF
ÇA VA DÉBORDER !
L'EAU...
IL FAUT QU'ELLE SORTE !!
ゴボ KOF
ゴボ KOF
AAAAAAH !
?!

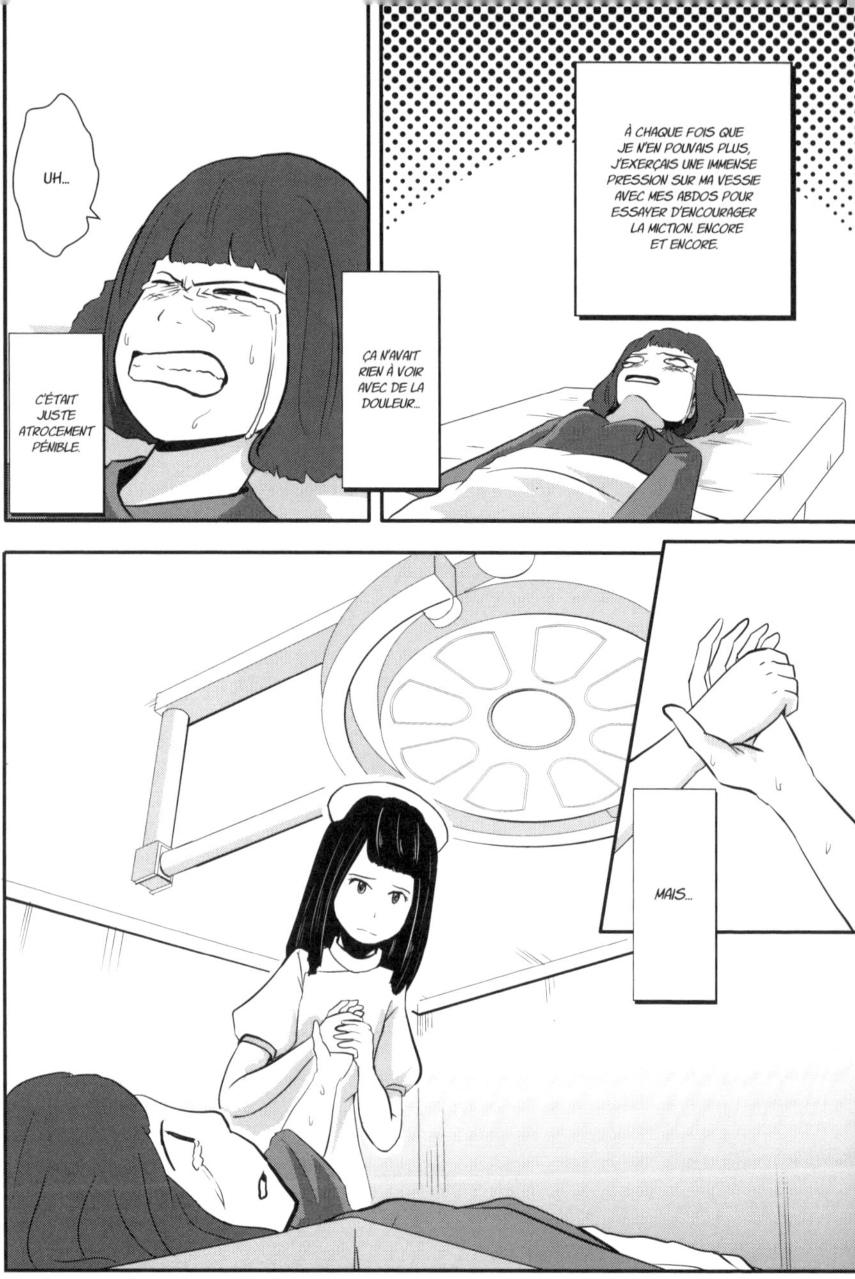
UH...
C'ÉTAIT JUSTE ATROCEMENT PÉNIBLE.
ÇA N'AVAIT RIEN À VOIR AVEC DE LA DOULEUR...
À CHAQUE FOIS QUE JE N'EN POUVAIS PLUS, J'EXERÇAIS UNE IMMENSE PRESSION SUR MA VESSIE AVEC MES ABDOS POUR ESSAYER D'ENCOURAGER LA MICTION. ENCORE ET ENCORE.
MAIS...

UNE INFIRMIÈRE QUI NE PARLAIT PAS JAPONAIS ET QUI NE SEMBLAIT PAS À L'AISE EN ANGLAIS EST RESTÉE À MES CÔTÉS.
Arigatou ! Thank you!
?
Khob khoun ka !
ELLE A SOURI QUAND JE LUI AI DIT...
"MERCI" EN THAÏ...
ET ELLE M'A TENU LA MAIN...
SANS LA LÂCHER JUSQU'À L'ARRIVÉE DU DOCTEUR.

UNE HEURE PLUS TARD ENVIRON, LE CHIRURGIEN EST ENFIN ARRIVÉ ET A COMMENCÉ LES SOINS.
Sorry, sorry!
AH... UNE INJECTION TOURBILLON ! JE VAIS ME SENTIR UN PEU MIEUX...
わ
FLAP
ふ、
DANS LES MANGAS, LES PERSONNAGES QUI RÉPRIMENT UNE ENVIE PRESSANTE SONT SOUVENT ENTOURÉS D'UN CHAMP DE FLEURS QUAND ILS PEUVENT ENFIN SE SOULAGER, MAIS...
JE... JE NE SUIS PAS MORTE, QUAND MÊME ?
À CE MOMENT-LÀ, J'AI **RÉELLEMENT VU UN CHAMP DE FLEURS** !!
C'EST CERTAINEMENT PARCE QU'ILS ONT RÉUSSI À M'INSÉRER LA SONDE ET QUE L'URINE QUI S'ÉTAIT ACCUMULÉE DANS MA VESSIE A PU ÊTRE ÉVACUÉE DANS LE MONDE RÉEL.

CE N'ÉTAIT DONC PAS UNE INJECTION "TOURBILLON", MAIS UNE INJECTION "CHAMP DE FLEURS". QUAND J'AI OUVERT LES YEUX...
JE SUIS RECONNECTÉE À UN TUBE...
J'ÉTAIS RETOURNÉE À LA CASE "SONDE URINAIRE".
APRÈS AUSCULTATION, LE DOCTEUR A DÉTERMINÉ QU'UNE GROSSEUR, QUI SEMBLAIT ÊTRE UN CAILLOT DE SANG, APPUYAIT SUR MON URÈTRE ET M'EMPÊCHAIT D'ÉVACUER MON URINE.
DANS CET ÉTAT, IMPOSSIBLE DE QUITTER L'HÔPITAL APRÈS-DEMAIN...
ILS ONT BIEN ÉVIDEMMENT REPOUSSÉ LA DATE DE MA SORTIE.
ET COMME IL FALLAIT S'Y ATTENDRE, MON ACCOMPAGNATRICE N'ÉTAIT PAS RAVIE, ELLE NON PLUS...
RASSUREZ-VOUS ! JE LEUR AI BIEN FAIT COMPRENDRE QUE LA PROCHAINE FOIS QU'ILS VOUS ENLÈVERONT LA SONDE, CE SERA APRÈS EXAMEN ET EN PRÉSENCE DU MÉDECIN !
M... MERCI...
MIEUX VAUT NE PAS METTRE LES THAÏLANDAIS EN COLÈRE, À CE QUE JE VOIS...
GRMBL...
ゴゴゴ...

ENSUITE, JUSQU'À CE QUE LA ZONE TOUCHÉE DÉSENFLE...
J'AI REPRIS MON PROGRAMME DE DILATATION QUOTIDIEN, AVEC LES ENCOURAGEMENTS DE MES PROCHES.
En train de jouer à FF14 en famille.
Petite sœur
Rentre vite ! La nourriture est bien meilleure au Japon !
Grand frère
Ici, on s'éclate tous les soirs aux courses de Chocobos !!
Belle-sœur
On peut ajouter un joueur supplémentaire, alors dépêche-toi de rentrer !!
BON SANG !! JE DOIS GUÉRIR COÛTE QUE COÛTE !!
ÇA RESSEMBLE À DES TAQUINERIES, MAIS CE SONT DES ENCOURAGEMENTS.
Du moins, je crois...
ENFIN, APRÈS UNE SEMAINE DE PROLONGATIONS...
LE MOMENT DE RETIRER À NOUVEAU MA SONDE URINAIRE EST ARRIVÉ.
Hm...

Hm... OK!
OK !
ÇA NE ME PERTURBE MÊME PLUS, D'ÊTRE REGARDÉE DE CETTE MANIÈRE.
Je m'y suis habituée, c'est dingue !
L'EXAMEN MÉDICAL S'EST DÉROULÉ SANS INCIDENT.
LA SONDE M'A DONC ÉTÉ ENLEVÉE, ET...
ME REVOILÀ !
Ô, TOILETTES !
L'HEURE DE MA REVANCHE AVAIT SONNÉ !!
FAITES...
QUE JE N'AIE PLUS JAMAIS À REVIVRE ÇA !
...
HAAAA
PSHHH

BONHEUR
J'AI RÉUSSI !
J'AI RÉUSSI À FAIRE PIPI !!
AYANT ENFIN RÉUSSI À URINER SANS ENCOMBRE, J'AI OBTENU LA PERMISSION DE QUITTER L'HÔPITAL.
HA HA HA HA ! C'EST QUOI, CETTE DRÔLE DE SENSATION ?!
PSHH
JE N'ARRIVE PAS À SAVOIR D'OÙ ÇA SORT ! HA HA HA HA !
CE DÉPART TANT DÉSIRÉ ÉTAIT PRÉVU LE SURLENDEMAIN.
LA JOIE DE QUITTER BIENTÔT CET ENDROIT...
S'EST MÊLÉE À CELLE DE POUVOIR URINER...
HA HA HA HA HA !!
ET JE RIAIS SEULE AUX TOILETTES.
J'avais laissé la porte ouverte en cas d'urgence.
épisode 5 // fin

rubrique 05

La nourriture à l'hôpital

Comme j'avais également subi une chirurgie de l'appareil digestif, je n'ai eu droit qu'à de la soupe pendant un certain temps, et ce uniquement lorsque mes gaz ont réussi à sortir, soit au chapitre 3 (dans le cas d'une vaginoplastie par inversion péno-scrotale, les patientes peuvent apparemment manger normalement immédiatement après l'opération). **Ces soupes étaient particulièrement infâmes !** Au début, on ne m'a servi qu'une espèce de bouillon transparent, peut-être à base de légumes, sans rien dedans. Plusieurs jours plus tard, je suis passée à une soupe vert foncé – **"Je rêve ?! C'est un jus de légumes ?!"** – si mauvaise qu'après une seule cuillerée, **je n'avais plus aucune envie de manger,** alors que tout aurait dû me sembler bon dans mon état, maintenant que j'avais surmonté le pire et que j'avais faim. En ce qui concerne les boissons, les soupes étaient accompagnées de "jus" **d'une couleur plus qu'alarmante !!** D'un rouge ou d'un vert primaire, ces liquides étaient si criards qu'on aurait pu croire que leur couleur venait d'un film plastique collé sur le verre. J'avais déjà vu des liquides pareils dans certains parcs d'attractions, mais **vendus dans des fioles de laboratoire !!** Concernant le goût, comme vous pouvez l'imaginer, c'était comme boire du sirop aromatisé coupé avec un tout petit peu d'eau ! J'ai beau aimer les mets sucrés, avaler ça relevait tout bonnement de la torture. Mon accompagnatrice, qui m'avait vue ingurgiter un de ces breuvages en gémissant, avait négocié avec l'hôpital pour qu'on y incorpore de la gélatine, de sorte à les transformer en gelées sucrées. Sous cette forme, c'était un peu plus facile à avaler. À la fin de cette période "soupes", je suis retournée à une alimentation normale. Le menu proposait toujours plusieurs options, mais pour ma part, mon agent avait gentiment fait en sorte que mes repas soient préparés dans un "style japonais"… **J'ai donc eu droit à du poulet teriyaki à pratiquement tous les repas !** D'un point de vue gustatif, je dirais que ça valait les repas que j'avais pris à l'hôpital au Japon, de nombreuses années plus tôt. Bien sûr, tout dépend du lieu où vous êtes hospitalisé en Thaïlande. Mon hôpital était apparemment parmi les moins bons, en ce qui concerne la nourriture.

UNE PRONONCIATION PARTICULIÈRE

DIX-HUIT JOURS S'ÉTAIENT ÉCOULÉS...
DEPUIS MON OPÉRATION.
J'ALLAIS ENFIN QUITTER L'HÔPITAL LE LENDEMAIN.
épisode 6

*Tout va bien ! Tu vas guérir !
**Ne meurs pas, enfoiré de cochon !

PLONK
C'EST PARTI !!
SCRITCH
SCRITCH
LE LENDEMAIN
LE JOUR DE MA SORTIE EST ENFIN ARRIVÉ...
CLAP
CLAP
SOUS UNE PLUIE D'APPLAUDISSEMENTS.
CLAP

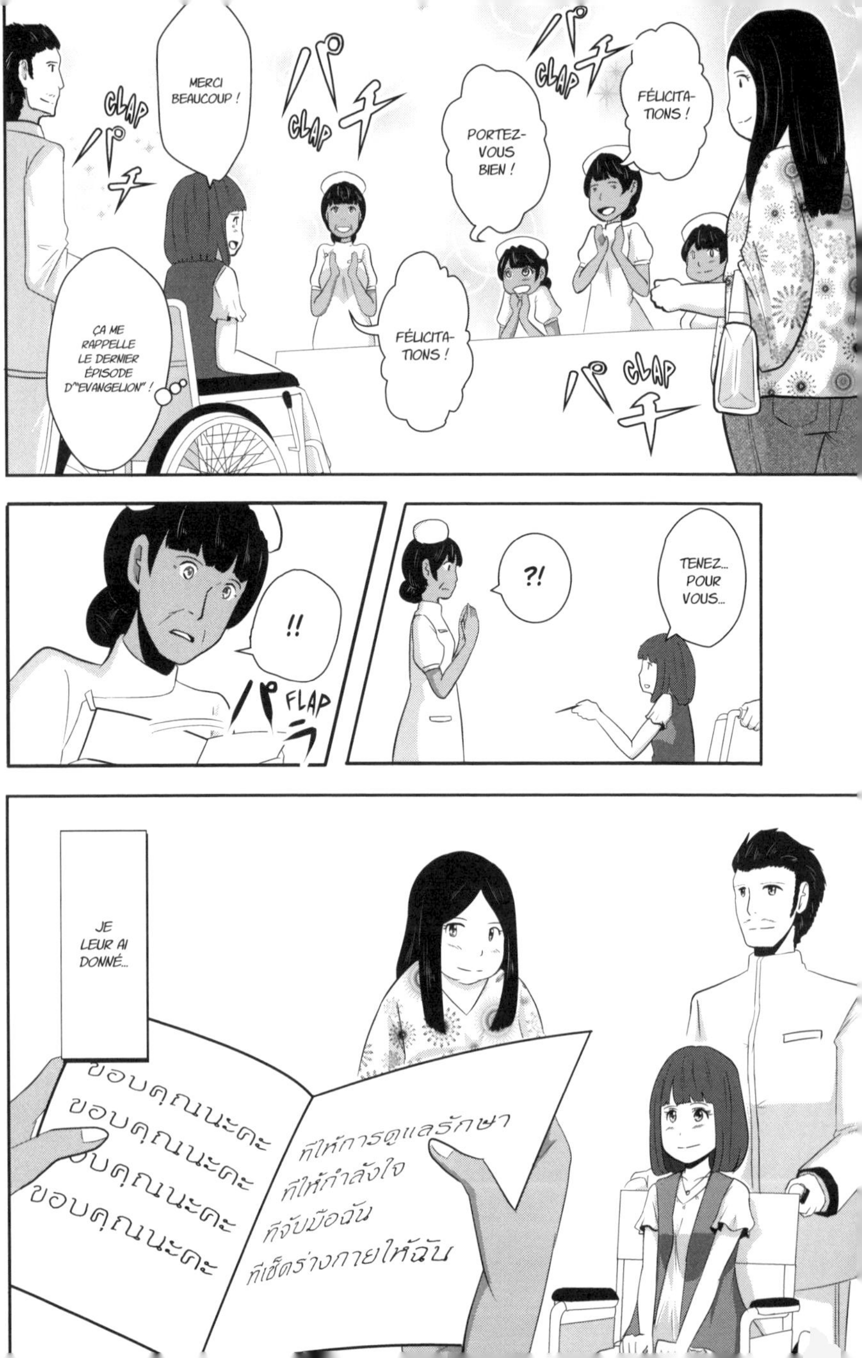
FÉLICITATIONS !
CLAP
PORTEZ-VOUS BIEN !
CLAP
MERCI BEAUCOUP !
CLAP
FÉLICITATIONS !
CLAP
CLAP
ÇA ME RAPPELLE LE DERNIER ÉPISODE D'"EVANGELION" !
TENEZ... POUR VOUS...
?!
!!
FLAP
JE LEUR AI DONNÉ...
ขอบคุณนะคะ
ขอบคุณนะคะ
ขอบคุณนะคะ
ขอบคุณนะคะ
ที่ให้การดูแลรักษา
ที่ให้กำลังใจ
ที่จับมือฉัน
ที่เช็ดร่างกายให้ฉัน

UNE LETTRE QUE J'AVAIS ÉCRITE LA VEILLE EN THAÏ...
À L'AIDE D'UN DICTIONNAIRE.
"MERCI DE M'AVOIR SOIGNÉE."
"MERCI DE M'AVOIR ENCOURAGÉE."
"MERCI DE M'AVOIR TENU LA MAIN."
"MERCI D'AVOIR FAIT MA TOILETTE."
UNE LETTRE COURTE ET TOUTE SIMPLE, ÉCRITE SOUS FORME DE LISTE.

A ! Ri ! Ga ! To !!
GNUP
Arigato !
Arigato !!
ET C'EST AU MILIEU DE TOUS CES REMERCIEMENTS QUE J'AI LAISSÉ L'HÔPITAL DERRIÈRE MOI.
Arigato !
Khob khoun ka !
NOUS NOUS SOMMES REMERCIÉES, ENCORE ET ENCORE, DANS LA LANGUE DE L'AUTRE…
↑ M'adresse un gros pouce en l'air sans que je comprenne vraiment pourquoi.

APRÈS MA SORTIE, J'AI PASSÉ DEUX JOURS DANS UNE CHAMBRE D'HÔTEL SPLENDIDE QUE L'AGENCE D'ACCOMPAGNEMENT AVAIT RÉSERVÉE POUR MOI, EN ATTENDANT MON VOL DE RETOUR.
ENCORE UNE CHAMBRE QUI EN JETTE...
J'AVAIS MAL ET JE NE POUVAIS PAS VRAIMENT MARCHER, ALORS FAUTE DE CHOIX ET À MON GRAND REGRET, J'AI PASSÉ CES DEUX JOURNÉES AU CALME AU LIEU DE PROFITER DE MA PRÉSENCE EN TERRE INCONNUE.
LE JOUR DU GRAND DÉPART, J'AI ÉTÉ RAVIE DE REVOIR L'ACCOMPAGNATRICE QUI ÉTAIT VENUE ME CHERCHER À L'AÉROPORT IL Y A PLUSIEURS SEMAINES DÉJÀ.
HELLO! MISS HIRASAWA !! COMMENT ALLEZ-VOUS ?
ÇA FAISAIT SI LONGTEMPS !!
NOUS AVONS ROULÉ JUSQU'À L'AÉROPORT, SECOUÉES EN TOUT SENS SUR CES FAMEUSES ROUTES THAÏS PLEINES DE TROUS.
ガタ RA TA
ガタ TA
ガタ TA
TA ガタ

J'AI MAL !!
ガタ TA
CETTE ROUTE CABOSSÉE ME FAIT HYPER MAL !!
ガタ TA
ガタ TA
ガラタ RA
COURAGE ! COURAGE !
ガタ TA
ガタ
ET AINSI...
UN MOIS APRÈS MON ARRIVÉE EN THAÏLANDE ...
JE SUIS ENFIN...
WIIION
RENTRÉE AU JAPON.

ARRIV
航空会社
Airline
Thai Airways
Japan Airways
China Airways
Japan Airways
Japan Airways
Philippine Airways
Japan Airways
Japan Airways
JL5202
Singapour
Air Asia
D7528
Japan Airways
JL5002
Singapour
VOTRE ATTENTION, S'IL VOUS PLAÎT ! LE VOL THAI AIRWAYS N° 6096 VIENT D'ARRIVER.
YOUR ATTENTION PLEASE... THAI AIRWAYS INTERNATIONAL 6... 0... 9... 6... HAS ARRIVED.
J'AI RÉUSSI À RENTRER AU JAPON !
YUUUNA !
À MON ARRIVÉE À L'AÉROPORT, MA BELLE-SŒUR ÉTAIT LÀ POUR M'ACCUEILLIR.
BIENVENUE À LA MAISON !

OUIIIN ! JE SUIS RENTRÉE !
Ex-homme en robe
Femme en jean
JE SUIS SI CONTENTE QUE TU AILLES BIEN !
TU AS BEAUCOUP SOUFFERT ET TU T'ES BIEN BATTUE !
C'ÉTAIT PIRE QUE TOUT CE QUE J'AVAIS IMAGINÉ ! MAIS JE ME SUIS ACCROCHÉE !
ON AVAIT TOUS HÂTE DE TE REVOIR !

ET C'EST AINSI QUE J'AI FRANCHI LE PLUS GRAND OBSTACLE SUR LA ROUTE DE MA TRANSITION...
QUELLE EST LA PREMIÈRE CHOSE QUE TU SOUHAITES FAIRE, MAINTENANT QUE TU ES DE RETOUR ?
JE VEUX MANGER JAPONAIS !!
WAAH !
ET QUE MON VOYAGE POUR MA VAGINOPLASTIE S'EST TERMINÉ.
CE JOUR-LÀ, J'AI PRIS UN REPAS LÉGER À L'AÉROPORT...
Ce bol d'ochazuke est délicieux !!
ET JE SUIS RENTRÉE CHEZ MOI AVEC MA BELLE-SŒUR.
PLUSIEURS SEMAINES PLUS TARD...
QUAND JE POUVAIS ENFIN MARCHER À PEU PRÈS CORRECTEMENT ...
JE SUIS ALLÉE ANNONCER LE SUCCÈS DE MON OPÉRATION À MON PSYCHIATRE.

CABINET DE PSYCHOTHÉRAPIE ASANIN
B... BONJOUR !
B... BONJOUR !
SALLE DE CONSULTATION
J'AI RENDEZ-VOUS... MON NOM EST HIRASAWA...
HAA... HAA...
DOULEUR
DOULEUR
HM...

VOUS AVEZ FAIT PREUVE D'UN GRAND COURAGE !
BIEN !
JE VAIS M'OCCUPER DE LA PAPERASSE POUR LE TRIBUNAL.
EN ATTENDANT, VOUS DEVEZ OBTENIR UNE SECONDE OPINION ET ALLER VOIR UN GYNÉCOLOGUE.
UNE LISTE DE PRATICIENS VOUS ATTEND À L'ACCUEIL !
Et prenez bien soin de vous !
FIIH TRÈS BIEN.
Ça alors !
RIEN À VOIR AVEC SON ANCIENNE ATTITUDE !
※Cf. chapitre 2
PEU DE GENS LE SAVENT, MAIS POUR CHANGER DE SEXE À L'ÉTAT CIVIL, IL FAUT D'ABORD PASSER PAR UN TRIBUNAL.
IMPOSSIBLE DE LE FAIRE SANS L'AUTORISATION D'UN JUGE.
FWIT
EXPLICATIONS

FWIP
ビ
POUR CELA, ON DOIT PRÉSENTER UN DIAGNOSTIC DE TIG PROVENANT D'AU MOINS DEUX PSYCHIATRES...
VOUS AVEZ UN TIG !
YOU ARE GID
Les documents pour le tribunal sont drôlement épais !
DINGLING ! デレッデレ
QUESTION : LES ORGANES GÉNITAUX DE CETTE PERSONNE SONT-ILS MASCULINS OU FÉMININS ?
IL FAUT ENSUITE QU'UN MÉDECIN JUGE DE NOTRE SEXE À PARTIR DE NOS ORGANES EXTERNES.
En gros, il vérifie que l'opération a bien eu lieu.
DASH
COMME JE N'AVAIS ÉTÉ DIAGNOSTIQUÉE QUE PAR UN SEUL PSYCHIATRE AU JAPON, J'AI DÛ EN CONSULTER UN AUTRE QU'ON M'AVAIT RECOMMANDÉ.
En réalité, il est préférable d'obtenir les deux diagnostics avant l'opération.
TATAC ガタン
TATOUM ゴトン
Son cabinet est sacrément loin...
DEUXIÈME CONSULTATION...
COMMENT VOUS SENTEZ-VOUS ? J'AI QUELQUES QUESTIONS À VOUS POSER, VOUS VOULEZ BIEN ?
HEIN ? ÇA EXISTE, DES PSYCHIATRES AUSSI GENTILS ?!
SON DIAGNOSTIC ÉTAIT BIEN ÉVIDEMMENT LE MÊME.

※Pour un changement de sexe, il existe en outre d'autres conditions pour le jugement, comme l'âge et la situation familiale.

ENFIN !
NOUS Y SOMMES !
ファアア
FHHH
LE JOUR DU JUGEMENT EST ARRIVÉ !
Dans un sens littéral, et non religieux...
TRIBUNAL
épisode 6 // fin

rubrique 06

Modification du registre familial d’état civil pour les personnes transgenres

En 2003, la “loi concernant le cas particulier du traitement administratif du sexe des personnes atteintes de troubles de l’identité de genre” a été adoptée, permettant la modification de l’état civil des personnes transgenres au Japon. Cependant, les conditions pour obtenir une telle modification sont très strictes et présentent aujourd’hui encore de nombreux points problématiques. En 2016, au moment où j’écris ces mots, ces conditions sont les suivantes :

Article III – Un tribunal des affaires familiales est à même d’autoriser le changement de traitement administratif du sexe de la personne, à sa demande, si ladite personne souffre d’un trouble de l’identité de genre et si elle remplit les conditions suivantes :

1. Avoir plus de vingt ans ;
2. Ne pas être actuellement marié ;
3. Ne pas avoir d’enfants mineurs ;
4. Ne pas avoir de gonades ou bien avoir perdu de façon permanente toute fonction gonadique ;
5. De l’extérieur, le corps doit présenter des parties qui, d’aspect, correspondent aux organes génitaux du sexe opposé.

Les points 4 et 5 sont sans doute un peu difficiles à comprendre mais, en bref, il s’agit d’avoir subi une chirurgie de réassignation sexuelle. Même s’il est désormais possible de se faire opérer au Japon, cette procédure n’est pas prise en charge par l’assurance maladie, alors son coût est extrêmement élevé. Il est à noter que si nous dépathologisons les “troubles de l’identité de genre” en les appelant “dysphorie de genre”, les chances que l’assurance maladie prenne un jour en charge leur traitement disparaîtront complètement. Par ailleurs, les chirurgies de réassignation sexuelle sont éprouvantes pour le corps humain. Certaines personnes ne peuvent donc pas se faire opérer car elles sont âgées ou ont des problèmes de santé. L’État craint l’apparition de toutes sortes de troubles à l’ordre public s’il autorisait des individus qui n’ont pas été opérés à changer d’état civil. Qu’arriverait-il, par exemple, si une personne qui a gardé son sexe d’origine pouvait entrer dans les bains publics réservés au sexe opposé de celui qu’elle semble être ? Ce point est très important et j’espère vraiment que nous pourrons trouver ensemble de bonnes réponses.

L'INFIRMIÈRE QUI ADORE LE JAPON

POUR OBTENIR UN CHANGEMENT D'ÉTAT CIVIL POUR CAUSE DE TROUBLE DE L'IDENTITÉ DE GENRE...
L'AUTORISATION D'UN JUGE EST REQUISE.
épisode 7
ET AUJOURD'HUI, C'EST LE GRAND JOUR...
LE JOUR DE MON JUGEMENT !
TRIBUNAL

※Un arbitrage est un type de procès. Il s'agit d'une procédure utilisée principalement pour examiner les affaires familiales. Contrairement aux jugements des litiges impliquant des tiers, dont le format bien connu du public vient toujours à l'esprit, les débats se déroulent à huis-clos.

C'EST L'HEURE DE MON PROCÈS...
L'HEURE DE...
MON PROCÈS.
BOM
BOM
SILENCE !!
NOUS ALLONS À PRÉSENT...
RENDRE NOTRE JUGEMENT !
PLON

YUNA HIRASAWA ...
O... OUI !
EST CONDAMNÉE À MORT !!
VEUILLEZ ME SUIVRE, HIRASAWA-SAN !
BRR
ガク
BRR
ガク
GLOUPS
ゴクリ
ENTREZ DANS CETTE PIÈCE.
CLIC
ガチャ
ASSEYEZ-VOUS OÙ VOUS VOULEZ.

MAIS C'EST... UNE BANALE SALLE DE RÉUNION ?
ON NE VA PAS TOUT DE SUITE EN SALLE D'AUDIENCE ?
CLAC
ガチャ
BONJOUR !
VOYONS ÇA...
??
EUH... HIRASAWA-SAN...
VOUS SOUHAITEZ VIVRE EN TANT QUE FEMME ?
O... OUI...
HM...
パラ…
FLAP
VOUS ÊTES TRÈS JOLIE !
Bien plus que moi !
Hein ?!
EUH... MERCI...

BIEN… REQUÊTE ACCEPTÉE !
AFFAIRE CLASSÉE !
CLAP パタン
PARDON ?!
AU REVOIR !
BON COURAGE POUR LA SUITE !
AH…
EXCUSEZ-MOI ?
BIEN, JE VAIS VOUS EXPLIQUER LE RESTE DE LA PROCÉDURE. SUIVEZ-MOI.
HEU… QUI ÉTAIT CETTE DAME, À L'INSTANT ?
CETTE DAME ?
C'ÉTAIT LA JUGE !
ALORS CETTE RÉUNION… C'ÉTAIT MON PROCÈS ?!

※N.B : À proprement parler, ce qui s'est tenu ici était une "audience en vue d'un arbitrage". Le juge interroge le pétitionnaire afin de vérifier la véracité de ce qui est écrit dans les documents et, après examen, il rend son arbitrage (sa décision). Il arrive parfois que le jugement soit rendu sans audience.

APRÈS PLUSIEURS SEMAINES DE PROCÉDURES ADMINISTRATIVES ...
LA DATE PRÉVUE DE COMPLÉTION DE MON CHANGEMENT D'ÉTAT CIVIL EST ENFIN ARRIVÉE.
2015 7 July
TAC
TAC
EXCUSEZ-MOI...
JE VOUDRAIS UNE COPIE DE MON REGISTRE FAMILIAL D'ÉTAT CIVIL.
AH, OUI...
VOILÀ, C'EST PRÊT !

PÈRE
MÈRE
HIRASAWA
LIEN DE PARENTÉ
DEUXIÈME FILLE
DATE DE NAISSANCE
LIEU DE NAISSANCE
ENFIN !
JE SUIS ENFIN ARRIVÉE JUSQU'ICI !

※N.B. : Le code de l'état civil actuel veut que le rang de naissance reste inchangé et que seul le sexe soit modifié.
L'état civil des frères et sœurs reste lui aussi inchangé et il arrive donc parfois que le document indique qu'une famille a deux "deuxièmes filles".

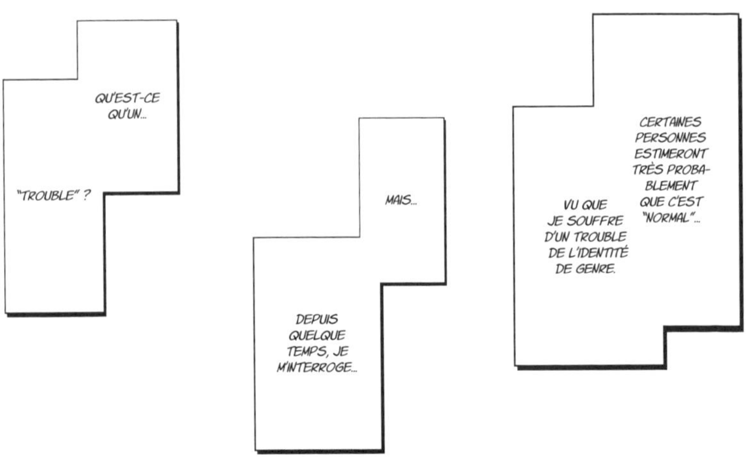

QU'EST-CE QUE...
KIII
"LE GENRE" ?
KSHH
QU'EST-CE QUE...
"LA NORME" ?
NOTRE MONDE...
EST-IL "NORMAL" ?
CLONK
OU BIEN...
"BIZARRE" ?

蔵前
Kuramae Sta.
下鉄
Line
CE PONT EST INTERDIT À LA CIRCULATION EN RAISON DU GRAND FEU D'ARTIFICE SUR LA SUMIDA !
BON SANG ! OÙ EST HIRASAWA ? ÇA VA BIENTÔT COMMENCER !
IL M'A POURTANT DIT QU'IL N'ÉTAIT PLUS TRÈS LOIN !
AH, MAIS... LA DERNIÈRE FOIS QUE J'AI L'AI VU, IL AVAIT SACRÉMENT CHANGÉ...
IL EST PEUT-ÊTRE DÉJÀ ARRIVÉ SANS QU'ON S'EN RENDE COMPTE !
CES SAUCISSES ONT L'AIR DÉLICIEUSES !
AH !!
HIRASAWA !! TU AS L'AIR EN FORME !
ET SI ON OUVRAIT CETTE SAUCISSE, POUR VOIR ?
ARRÊTE AVEC CETTE HISTOIRE ! SÉRIEUX !!

AH...
EH OUI ! C'EST MOI, HIRASAWA !
OOOH !!
IMPRES-SIONNANT !!
BRAVO, HIRASAWA !!
JE NE T'AI PAS RECONNUE, L'ESPACE D'UN INSTANT !
FRANCHEMENT, TU AS L'AIR BEAUCOUP MIEUX COMME ÇA !
AH...
QUEL SOULAGE-MENT...
FÉLICI-TATIONS !
JE SUIS CONTENTE POUR TOI !
OUI, VRAIMENT, QUEL SOULA-GEMENT !

ピュ〜〜
FIIIZ
ドーーン
BOM
ドーン
BOM
ドーン
BOM
パラ
SHRRA
パラ
SHRRA
ÇA Y EST ! ÇA COMMENCE !
épisode 7 // fin

Devenir enfin moi-même

CABINET DE GYNÉCOLOGIE
CLINIQUE MORNING
CABINET DE GYNÉCOLOGI
CENTRE DE TRAITEMENT D
C'EST PARTI !!
プルルル
TUUUUT

épisode 8

プルルルル
TUUUUT

CABINET DE GYNÉCOLOGIE KODAN, BONJOUR.
KIT DE DILATATION
OUI, BONJOUR...
J'AURAIS AIMÉ AVOIR DES INFORMATIONS SUR LES SOINS QUE VOUS PROPOSEZ.
JE SOUFFRE D'UN TIG...
J'AI SUBI UNE CRS ET JE SUIS DÉSORMAIS ENREGISTRÉE COMME FEMME À L'ÉTAT CIVIL, ET...
À REMISER
JE CHERCHE UNE CLINIQUE QUI POURRA M'ADMINISTRER DES INJECTIONS D'HORMONES FÉMININES...
NOUS N'OFFRONS PAS CE GENRE DE TRAITEMENT ICI...
AU REVOIR.
CLIC
...
TUUT
TUUT
SCRITCH
CLINIQUE MOR
CABINET DE
CENTRE DE

OUI, PARDON DE VOUS DÉRANGER ...
JE SOUFFRE D'UN TROUBLE DE L'IDENTITÉ DE GENRE, ET...
DÉSOLÉE, MAIS NOUS NE TRAITONS PAS CE...
JE VIENS D'INTERROGER LE MÉDECIN ET IL M'A CONFIRMÉ QUE NOUS NE POUVIONS PAS VOUS PRENDRE EN CHARGE...
SCRITCH
AH, JE VOIS...
SCRITCH...
MAIS SI VOUS VOUS PROCUREZ LES MÉDICAMENTS VOUS-MÊME, NOUS POURRONS SIMPLEMENT VOUS FAIRE LES INJECTIONS.
AH, EUH...
Et comment je suis censée faire ça ?!
OUI, ALLÔ ! JE SUIS UNE FEMME TRANS ET...
JE VOUDRAIS RECEVOIR DES INJECTIONS D'HORMONES...
CLIC
TUUT TUUT

AAAAH !!
SBAM
C'EST À VOUS BRISER LE CŒUR !!
AFIN DE NE PLUS SUBIR UNE HEURE ET DEMIE DE TRAIN POUR RECEVOIR MES INJECTIONS D'HORMONES, APRÈS MON OPÉRATION...
JE SAVAIS QUE ÇA ALLAIT ÊTRE DIFFICILE...
MAIS DE LÀ À ESSUYER QUINZE REFUS, COUP SUR COUP...
J'AI ENTREPRIS DES RECHERCHES POUR TROUVER UN CABINET PLUS PROCHE.
CLINIQUE SEIFU TOKYO SHINJUKU
JE SAIS QU'IL EXISTE D'AUTRES CLINIQUES PLUS ÉLOIGNÉES, MAIS...
ÇA N'AURAIT AUCUN SENS !
JE DOIS EN TROUVER UNE AVANT LA SEMAINE PROCHAINE...
SINON, JE VAIS ENCORE AVOIR DES TAS D'ENNUIS !
LORSQU'ON PREND DES HORMONES FÉMININES DANS LE CADRE D'UNE HORMONOTHÉRAPIE, DE NOMBREUX CHANGEMENTS S'OPÈRENT DANS LE CORPS.

LA PLUPART D'ENTRE VOUS PENSENT SANS DOUTE IMMÉDIATEMENT À LA POITRINE QUI S'ARRONDIT OU À LA GRAISSE QUI S'ACCUMULE SUR LES HANCHES, MAIS...
Je triche à l'aide de mes vêtements...
pour pallier mon manque de hanches.
Poitrine modeste
CES CHANGEMENTS SONT LOIN D'ÊTRE RADICAUX, SI ON NE COMMENCE PAS LE TRAITEMENT TRÈS JEUNE.
※N.B. : Tout dépend de la personne.
CE QUI M'A BIEN PLUS SURPRISE...
GRIP
TIENS ?
C'EST LA PERTE DE FORCE PHYSIQUE ! QUAND J'ÉTAIS UN HOMME, J'ÉTAIS DU GENRE MAIGRICHON, NUL EN SPORT...
JE N'AVAIS POURTANT AUCUN MAL À PORTER LA MÊME QUANTITÉ DE COURSES, AVANT !
Les femmes ont si peu de force que ça ?!
MAIS LÀ J'AI DOULOUREUSEMENT PRIS CONSCIENCE DE MA FAIBLESSE !!

TRÈS FRANCHEMENT, AVANT, QUAND J'ENTENDAIS "LES HOMMES SONT PLUS FORTS QUE LES FEMMES", JE PENSAIS QUE ÇA CONCERNAIT UNIQUEMENT LE MONDE DU SPORT…
ET QUE DANS LE CADRE DE LA VIE QUOTIDIENNE, CETTE IDÉE RELEVAIT SIMPLEMENT D'UNE SORTE DE RÉPARTITION GENRÉE DES TÂCHES.
C'EST À L'HOMME DE PORTER !
MAIS EN RÉALITÉ, LA DIFFÉRENCE DE FORCE EST TELLE QUE J'AI PRÉSENTÉ MENTALEMENT DES EXCUSES À TOUTES LES FEMMES DE LA PLANÈTE !
QUI PLUS EST…
AH…
ふら BRR
ふら BRR
J'AI UNE INJECTION D'HORMONES À LA CLINIQUE APRÈS-DEMAIN…
PFF, J'EN AI ASSEZ…
MA MASSE MUSCULAIRE A FONDU, JE ME FATIGUE POUR UN RIEN… ET EN CONTREPARTIE, JE NE SUIS PAS DEVENUE SI FÉMININE QUE ÇA !
バフッ SBAM
MES ÉPAULES ET MES HANCHES SONT CELLES D'UNE FEMME TRÈS MASCULINE, AU MIEUX…

D'AILLEURS... SAVOIR SI JE SUIS "FÉMININE" OU PAS N'EST MÊME PLUS LE PROBLÈME...
JE ME MOQUE... DE ÇA ET DE TOUT LE RESTE...
JE DOIS ME PRÉPARER À DÎNER...
MAIS ÇA ME SAOULE D'AVOIR À CUISINER ET DE MANGER...
J'AI MÊME PAS PLIÉ MON LINGE...
ÇA VA PAS, ÇA... MON APPART EST DE PLUS EN PLUS EN BORDEL...
DÉJÀ QU'À LA BASE, J'ÉTAIS LOIN D'ÊTRE UNE FÉE DU LOGIS...
TOUT LE MONDE SEMBLE ALLER BIEN, SUR TWITTER...
HM ?!
QUELQU'UN M'A RÉPONDU PAR MP !
YUNAHIRASAWA @hirasaw
C'est pour ça que je vis seule en ce
Et non pas pour des raisons positives.
Vraiment, vivre complètement coupé de ses parents,
c'est un peu triste.
@xxxx999
Peu importe la distance entre vous, ta famille reste ta famille ! Vous finirez par trouver un terrain d'entente !
Courage !!

ぶちー!!
GRMBL !!
J'ÉTAIS TOUJOURS À FLEUR DE PEAU JUSTE AVANT MES INJECTIONS D'HORMONES (CE QUI CORRESPOND AU MOMENT OÙ LEUR TAUX BAISSE DANS LE SANG).
COMMENT OSE-T-IL ENJOLIVER LES CHOSES ALORS QU'IL NE CONNAÎT RIEN À MA SITUATION ?!
ÇA RESSEMBLAIT AU SYNDROME PRÉMENS-TRUEL DONT ON ENTEND SOUVENT PARLER.
POURQUOI J'AI ÉCRIT UNE CHOSE PAREILLE ?!
J'AI COMPRIS QUE LES FEMMES CIS N'AVAIENT VRAIMENT PAS LA VIE FACILE !
GRRR
ガルルル
IL SUFFISAIT PARFOIS D'UN RIEN POUR ME FAIRE DÉPRIMER OU, AU CONTRAIRE, POUR ME METTRE ÉTRANGEMENT EN COLÈRE.
COMME J'AVAIS CONSCIENCE DE TOUT CELA, JE DEVAIS TROUVER UNE CLINIQUE QUI ACCEPTERAIT DE ME FAIRE MES INJECTIONS RÉGULIÈREMENT, AVANT QUE JE ME RETROUVE DANS CET ÉTAT.
?!

CETTE CLINIQUE N'EST PAS SI LOIN QUE ÇA...
OUI... EXCUSEZ-MOI, J'AURAIS UNE QUESTION À VOUS POSER...
JE SUIS TRANS ET JE CHERCHE UNE CLINIQUE POUR MON HORMONO-THÉRAPIE...
OUI, C'EST ÇA.
EUH...
OUI, NOUS DISPENSONS CE SERVICE.
NOUS AVONS D'AUTRES PATIENTES DANS VOTRE CAS...
ALORS VOUS POUVEZ VENIR SANS CRAINTE.
VOILÀ, C'EST FINI !
REVENEZ LE MOIS PROCHAIN !
ET PENSEZ À BIEN PRENDRE VOS PILULES, SI VOUS NE POUVEZ PAS VENIR !
OUI, MERCI BEAUCOUP !

MERCI ENCORE !
FWIP
JE PRÉPARE VOTRE NOTE, MERCI DE PATIENTER !
D'AC-CORD !
J'ai rendez-vous.
OUI, ALLEZ-Y.
?!
TIENS ? ELLE NE S'ASSOIT PAS ?
...

※La voix des personnes MtF (d'homme à femme) peut être modifiée chirurgicalement ou en suivant un entraînement. On perd évidemment sa voix d'origine si on opte pour l'opération, mais c'est aussi le cas avec le coaching, à force de parler au quotidien avec une voix différente. La voix des personnes FtM (de femme à homme), quant à elle, change apparemment sous l'effet des hormones.

épisode 8 // fin

Devenir enfin moi-même

fin.

POST-SCRIPTUM

Merci infiniment d'avoir lu *Devenir enfin moi-même.*
J'étais extrêmement inquiète lors de la préparation de la publication de ce titre. Cette histoire retrace certes mon expérience personnelle, mais il s'agit d'un sujet très sensible. Je n'étais pas sûre d'être en droit d'aborder ce thème, bien que j'en connaisse profondément tous les aspects, même les plus sombres, jusqu'à l'écœurement. Mes mots étaient-ils appropriés ? La manière dont je m'exprimais ne risquait-elle pas de blesser quelqu'un ? J'ai avancé à tâtons à toutes les étapes de l'écriture. Ces hésitations et révisions de manuscrit à répétition m'ont amenée à réfléchir plus intensément à ce que je voulais communiquer à travers ce manga. C'est alors que l'idée suivante m'est venue :

"Fais en sorte de ne transmettre aucun message personnel."

Plus les individus concernés par les transidentités (et toutes les autres personnes en position d'être critiquées par la société) insistent pour être acceptés, plus il leur devient difficile d'éviter l'auto-contradiction ("Je n'accepte pas les gens qui ne m'acceptent pas !"). Voilà pourquoi j'ai décidé d'éliminer toute revendication comme "Non à la discrimination !" ou "Je veux que la société fasse X ou Y !" des pages de ce livre. Je raconte une expérience douloureuse, mais j'ai essayé de la décrire de telle sorte que le lecteur puisse librement compatir ou au contraire estimer que tout ce qui m'est arrivé est normal. (Il est possible que mes talents de mangaka n'aient pas été à la hauteur de mes ambitions dans certaines parties du récit.)

J'ai néanmoins posé une question à la fin de l'épisode 7, et cette question est l'essence même de ce manga. Mon livre est centré sur les transidentités, mais la question que je pose s'applique à tous les êtres humains. Au moment où j'écris ces lignes, je n'ai toujours pas de réponse. J'espère que la lecture de cet ouvrage vous donnera l'occasion d'y réfléchir vous aussi, de temps à autre, dans un coin de votre tête.

Au revoir ! Et au plaisir de vous retrouver un jour, au hasard d'une autre rencontre !

平沢ゆうな
*Yuna Hirasawa

Devenir enfin moi-même

REMERCIEMENTS À TOUTES LES PERSONNES QUI ONT PERMIS À CE LIVRE DE VOIR LE JOUR !

MANGA :
YUNA HIRASAWA

RESPONSABLE ÉDITORIAL :
HARUE YOSHIE

CONCEPTION DE LA JAQUETTE ET DU LOGO JAPONAIS
MASASHI HISAMOCHI
AYUMI KANEKO

RELECTURE :
KOSUKE AOKI

AIDE À LA TRADUCTION EN LANGUE THAÏ :
YOHEI TANAHASHI (DÉPARTEMENT DES DROITS INTERNATIONAUX)
SAKDA PHAKHAWAN

DÉPARTEMENT DES VENTES :
YUMA KOMATSU

L'IMPRIMERIE :
TOYOKUNI PRINTING CO. LTD
MASATO SASAKI

LES LIBRAIRES

ET ENFIN, MERCI À MES LECT
ET À MES LECTRICES !

BOKU GA WATASHI NI NARU TAME NI

First published in Japan in 2016 by Kodansha Ltd., Tokyo.
Publication rights for this French edition arranged
through Kodansha Ltd., Tokyo.

Traduction : Cydonie S.
Correction : Juliette Lemaître
Lettrage : Jonathan Martins

Un grand merci à l'Inter-LGBT pour sa relecture avisée et
son accompagnement dans ce projet.

Éditions Glénat
Couvent Sainte-Cécile – 37, rue Servan – 38000 Grenoble
ISBN : 978-2-344-06186-2
Dépôt légal : avril 2024

Imprimé en Pologne en mars 2024 par Dimograf,
sur papier provenant de forêts gérées de manière durable

www.glenat.com